RODULFO GONZÁLEZ
FESTIVIDADES
PATRONALES DEL ESTADO
NUEVA ESPARTA

Isla de Margarita, Venezuela,
mayo de 2019

Publicado por primera vez por CICUNE 2019

Copyright © 2018 por Rodulfo González
Reservados todos los derechos.
Ninguna parte de esta publicación puede ser reproducida, almacenada o transmitida en cualquier forma o por cualquier medio, electrónico, mecánico, fotocopiar, grabar, escanear o de otro modo sin permiso por escrito del editor. Es ilegal copiar este libro, publicarlo en un sitio web o distribuirlo por cualquier otro medio sin permiso.
Rodulfo González no tiene ninguna responsabilidad por la persistencia o exactitud de URL de sitios web de Internet externos o de terceros a los que se hace referencia en esta publicación y no garantiza que el contenido de dichos sitios web sea, o permanecerá, exacta o apropiada.
Las denominaciones utilizadas por las empresas para distinguir sus productos suelen ser reclamados como marcas comerciales. Todas las marcas y nombres de productos utilizados en este libro y en su portada, nombres comerciales, marcas de servicio, marcas registradas son marcas registradas de sus respectivos propietarios. Los editores y el libro no están asociados con ningún producto o proveedor mencionado en este libro. Ninguna de las empresas u organizaciones a las que se hace referencia en el libro lo han respaldado.
Catálogo de la Biblioteca del Congreso
Nombre: Rodulfo González, 1935-
ISBN: 978-1-6934-5929-0 (paperback)
ISBN: 979-8-3485-6225-0 (e-book)
ISBN: 979-8-3485-6227-4 (hardcover)
Primera edición
Diagramación de Juan Rodulfo
Arte de portada por Guaripete Solutions
Producción: CENTRO DE INVESTIGACIONES CULTURALES DEL ESTADO NUEVA ESPARTA (CICUNE)
cicune@gmail.com
Impreso en EE. UU.

CICUNE.ORG

Preámbulo

Las festividades patronales constituyen una importante herramienta para el fortalecimiento de la religiosidad católica, el reencuentro de quienes se han ido a otros lares con sus pueblos natales y la promoción de los valores de solidaridad familiar y social, de las manifestaciones culturales populares y de amor al ámbito geográfico donde se realizan.

En esos eventos los vecinos pintan los frentes de las casas, gestionan ante los organismos gubernamentales pertinentes el arreglo de calles, plazas y otros sitios de encuentro, recolectan recursos económicos para financiarlos, estrenan ropa y calzados y promueven la solidaridad.

Por lo menos 93 comunidades del Estado Nueva Esparta son escenarios cada año de festividades en honor a sus respectivos patronos o patronas.

Estas fiestas, que tienen ingredientes religiosos y no religiosos, se desarrollan en ámbitos geográficos regionales, municipales, locales y micro locales.

La Virgen María, en 18 de sus advocaciones, es la más celebrada. En efecto, tiene presencia en 33 localidades de las 93 que hemos analizado en la presente monografía.

Debemos acotar que el contenido religioso siempre es el mismo, no así el no religioso por su naturaleza económica.

Los otros patronos y patronas son Jesús de Nazaret, el Santísimo Cristo del Buen Viaje, San Pedro Apóstol, San Judas Tadeo, San Antonio de Padua, San Cayetano, Santa Rita de Casia, Santa Teresa de Jesús, El Gran Poder de Dios, San Francisco de Asís, San Francisco Javier, San Juan Evangelista, San Martín de Porres, San Simón Apóstol, Santa Isabel de Hungría, Santísima Trinidad, San Antonio María Claret, Nuestro Señor San José, San Agustín, San Isidro Labrador, San Miguel Arcángel, Beato Pedro González, Santísimo Cristo de Las Piedras, San Juan Bautista, San Pedro y San Pablo, la Santa Cruz, Santa Teresita del Niño Jesús, Santa Eduvigis, Santa Rosa de Lima, San Sebastián, Santísimo Cristo de La Fuente, Sagrado Corazón de Jesús, San Lorenzo, San Onofre, Santísimo Cristo de La Galera, San Nicolás de Bari, La Epifanía del Señor, Divino Niño y Santa Ana.

Solamente a la Virgen del Valle y al Santísimo Cristo del Buen Viaje se les atribuye milagros.

Esta monografía está respaldada por investigación de campo en las diversas localidades, programas festivos y, en pocas ocasiones, noticias periodísticas.

Jesús de Nazaret

Desde el 13 de marzo de 1993 Los Cerritos, Municipio Maneiro, celebra a su patrono Jesús de Nazaret cada Viernes Santo, según la investigación de campo que efectuamos en 2002, dato ratificado por @elsoldmargarita.

En 2019, según información suministrada en Nota de Prensa por el coordinador de Cultura del Municipio Maneiro, Luis Domingo Mayora, se efectuó una misa solemne.

La sagrada Eucaristía fue oficiada por el vicario del clero Reinaldo Trejo, acompañado de los diáconos Luis Hernández, responsable de la Parroquia Divino Niño, y Ángel Cheng.

Se lee también en el texto de la Alcaldía de Maneiro:

Yusmeri Fernández, habitante del sector, expresó que este tipo de celebraciones "ayuda a seguir profesando nuestra fe, sobre todo en estos momentos que está atravesando nuestro país".

En esa comunidad se le rinde también tributo a la Santísima María Rosa Mística cada 13 de julio, según se lee en el programa correspondiente a 2012.

Ese año hubo fuegos artificiales, Santo Rosario, misa solemne, animación musical y procesión a las 4:00 pm por la calle principal de la localidad.

Fuentes

@elsoldmargarita
Coordinador de Cultura de la Alcaldía de Maneiro.
Programa 2012.

Nuestra Señora de Lourdes

La comunidad católica de Apostadero, Municipio Maneiro, celebra sus festividades de la siguiente manera en 2016, según Nota de Prensa del coordinador de Cultura de la alcaldía de esa jurisdicción, Luis Domingo Mayora dada a conocer en la Internet el 7 de febrero de ese año

9/2. Paseo musical por las diferentes calles del sector con el grupo cañonero Retmar.

10/2. Procesión con el acompañamiento del anterior grupo musical. Noche Coral con el acompañamiento de la Cantoría Infantil Maneiro en la capilla Nuestra Señora del Pilar.

Santísimo Cristo del Buen Viaje

No se sabe a ciencia cierta cuándo el Santísimo Cristo del Buen Viaje, patrono de Pampatar, se incorporó al patrimonio espiritual de la localidad, pues antes de ese evento lo fue San Carlos Borromeo

Lo cierto es, sin embargo, que su llegada a la capital del Municipio Maneiro para quedarse definitivamente allí no ha podido ser determinada históricamente y cobra fuerza de verdad en la feligresía la leyenda que relata el arribo a la bahía de esa ciudad de una embarcación en busca de refugio, cuyo capitán bajó a tierra y dio parte a las autoridades de su situación, explicando que había salido de España con rumbo hacia Santo Domingo desde hacía varias semanas teniendo que desviarse de la ruta, para salvar el barco, debido a la furia de los vientos, y que su cargamento consistía, entre otras cosas, de una caja contentiva de una imagen sagrada.

Añade la leyenda, que después de pasado el mal tiempo y reparada la nave continuaría el viaje, lo que haría horas después, teniendo que regresar al puerto al arreciar la tormenta. Entonces las autoridades dispusieron que la caja contentiva de la sagrada imagen fuese llevada al templo, donde fue abierta y el pueblo pudo admirar la hermosa escultura de Cristo, que inmediatamente bautizó con el nombre de "El Cristo del Buen Viaje", ocurrido lo cual la nave zarpó sobre un mar tranquilo hacia Santo Domingo.

La leyenda, oída de labios del poeta Rosauro Rosa Acosta, concluye señalando que meses más tarde otro buque trajo el encargo de reembarcar la sagrada escultura, pero cuando se disponía el traslado bajo el dolor de todo el vecindario, los brazos de la cruz no pudieron pasar las puertas del templo, hecho que se conceptuó como un mandato divino y el Cristo fue colocado nuevamente en el altar, quedando allí para siempre.

Cabe señalar, que se desconoce históricamente la fecha en la cual fue desplazado del patronazgo de Pampatar San Carlos Borromeo por el Santísimo Cristo del Buen Viaje.

Hasta 1941 dos juntas, una del Día y otra de la Octava, se encargaban de organizar las festividades patronales, las cuales simbolizaban la rivalidad que existía entonces entre el sector Occidental y el Oriental de Pampatar que databa de la época colonial.

Esta división quedó eliminada el 3 de mayo de 1942, cuando por iniciativa de Edmundo Villalba se constituyó la Junta Unificada del Santísimo Cristo del Buen Viaje que él presidió.

En la actualidad la junta es designada por la propia feligresía en forma directa.

Este directorio estaba constituido en 1992, año del 50 aniversario de la unificación, de la siguiente manera: presidente, Cruz Acosta; vicepresidente, Omar Narváez: secretario de Actas, Julio Marino Luna; secretario de Correspondencia, Arturo Rodríguez; secretario de Finanzas, Jesús Luna.

La programación consta de una parte religiosa y otra no religiosa. Este último ingrediente incluye la celebración, el 3 de mayo, de una Sesión Solemne del Concejo Municipal y la Alcaldía de Maneiro.

El último domingo de abril se produce la bajada de la sagrada imagen de su nicho. Pero en 1992, por tratarse de la celebración del cincuentenario de la constitución de la Junta Unificada, este acto se llevó a efecto el 19 de ese mes. Tiene lugar a las doce del día y marca también el inicio del Novenario, que concluye el 2 de mayo. En esa oportunidad se celebra la Santa Misa, hay confesiones y se reza el Santo Rosario.

El 3 de mayo, Día del Santísimo Cristo, hay también confesiones y misa concelebrada en la plaza homónima presidida por el obispo de la Diócesis de Margarita. Asimismo, se celebran bautismos, Salve y procesión.

11/5. Confesiones y Santo Rosario.

12/5. Octava. Se celebran confesiones, Misa Solemne y Salve. Procesión en otro sector de la ciudad. Cabe destacar que la fecha de celebración octavaria no es fija y tiene lugar el domingo siguiente al 3 de mayo, sino está muy cercano a éste. Este programa religioso corresponde a 1991, pero se repite cada año.

La parte no religiosa en 1992 se desarrolló así:

13/4. Quema de Judas por parte de alumnos de la Casa de los Niños "María Angélica Lusinchi".

21/4. Inauguración de los Juegos Deportivos.

22/4. Actuación de ocho grupos culturales en el Anfiteatro "Vicente Cedeño".

23/4. Presentación de la obra de teatro "La Pilada de Sal".

25/4. Taller de Creatividad Infantil.

26/4. Concurso de Voladores.

27/4. Charla sobre el tema "Enfermedades de Transmisión Sexual". Inauguración de la Feria del Libro de Monte Ávila Editores.

28/4. Charla sobre el tema "Problemas del Adolescente".

29/4. Presentación de cuatro grupos culturales.

30/4. Encuentros de Bandas Shows.

1/5. Amanecer feliz con grupos musicales por diferentes sitios de la ciudad.

Concentración y bienvenida de los hijos de Pampatar. Colocación de nomenclatura de calles y callejones locales. Inauguración de la Feria de la Artesanía Margariteña.

2/5. Paseo de música. Sesión Solemne de la Cámara Municipal con motivo del 50 aniversario de la fundación de la Junta Unificada del Santísimo Cristo del Buen Viaje y el I Encuentro de Pampatarenses. Exposición Fotográfica de Personajes Culturales Populares. Concierto coral. Presentación de la Orquesta Selección Margariteña "Proyecto, Retreta y Convivencia".

3/5. Concierto de la Banda Oficial "Francisco Esteba Gómez". Presentación de grupos culturales musicales y dancísticos.

4/5. Segundo Canto al Cristo. Presentación de grupos orientales y regionales de diversiones, teatro, danza y mímica.

7/5. Actuación de un grupo de teatro auspiciado por el Instituto Venezolano-Chileno de Cultura.

8/5. Paseo de música y Festival de Galerones.

9/5. Paseo de música. Barloventeo de pescadores por la bahía de Pampatar. Escenificación en vivo de una calada de jurel por un grupo de pescadores.

Fuentes

Rodulfo González. Pampatar y las Festividades del Santísimo Cristo del Buen Viaje.
Informante clave Rosauro Rosa Acosta.
Programas de 1991 y 1992.

Nuestra Señora de la Asunción

La patrona de la capital del Estado lo es también de Margarita y los eventos religiosos se desarrollan entre el 1 al 31 de agosto, con énfasis los días 15, Día de Nuestra Señora de La Asunción, y el 22, fecha de la Octava, conforme a la siguiente cronología:

1/8. Repique de campanas para anunciar la primera aurora del mes dedicado a la Excelsa Patrona de Margarita. Concentración de la feligresía en el atrio de la catedral, bendecida en 1681 y restaurada entre los años 1991 y 1992, Canto del Himno de Nuestra Señora de La Asunción, letra de Carmen de Patiño y música de Luis B. Figueroa, por parte de la feligresía. Confesiones. Traslado de la imagen a su trono de luces. Misa oficiada por las necesidades espirituales de la parroquia.

2/8. Rezo del Santo Rosario por quien presida la Junta.

3/8. Rezo del Santo Rosario por quien ocupe la vicepresidencia. Celebración de matrimonios y confesiones.

4/8. Misa porque germinen en la parroquia las vocaciones sacerdotales y religiosas. Bautizos. Rezo del Santo Rosario por quien ocupe la secretaría.

5 al 9/8. Rezo del Santo Rosario por quienes ocupen la tesorería, la coordinación de deportes, la coordinación de relaciones públicas, la coordinación de cultura y la coordinación de festejos.

10/8. Rezo del Santo Rosario por quien ocupe la coordinación de asuntos religiosos. Celebración de matrimonios y confesiones.

11/8. Misa en memoria de los mayordomos y mayordomos fallecidos. Rezo del

Santo Rosario por los feligreses del centro de la ciudad.

12 al 13/8. Rezo del Santo Rosario por feligreses de las comunidades de Guatamare y La Portada.

14/8. Repique de campanas. Rezo del Santo Rosario. Ejercicio del mes a cargo del párroco de la catedral. Letanías y Salve en las voces del Orfeón "Nueva Esparta".

15/8. Día de Nuestra Señora de La Asunción. Repique de campanas anunciando la aurora de la gran festividad en honor a la patrona. Misa por la salud e intenciones del Papa. Misa concelebrada presidida por el obispo de la Diócesis de Margarita. Interpretación de la Misa Criolla por el Orfeón "Nueva Esparta". Misa por la paz del mundo. Procesión. Salve e Himno de la Virgen.

16/08. Rezo del Santo Rosario por feligreses de los sectores El Palosano y Atamo Sur.

17/8. Rezo del Santo Rosario por el Consejo Parroquial. Celebración de matrimonios y confesiones.

18/8. Misa por los enfermos de la parroquia. Bautizos. Rezo del Santo Rosario por los feligreses de El Mamey y El Otro Lado del Río.

19 al 20/8. Rezo del Santo Rosario por la feligresía de Las Casitas, La Otrabanda, Santa Isabel y Salamanca.

21/8. Repique de campanas. Rezo del Santo Rosario. Ejercicio del Mes por el párroco de la catedral. Letanías y Salve en las voces del Orfeón "Nueva Esparta".

22/8. Octava. Día del Mayordomo. Repique de campanas. Misa. Ofrenda y lecturas a cargo del mayordomo de Nuestra Señora de La Asunción. Procesión. Salve e Himno a la Virgen.

23/8. Rezo del Santo Rosario por la feligresía de Las Huertas.

24/8. Rezo del Santo Rosario por la Cofradía del Santísimo Sacramento. Celebración de matrimonios y confesiones.

25/8. Misa en Acción de Gracias por las actividades realizadas en agosto. Misa y bautizos. Rezo del Santo Rosario por la Praesidia Juveniles de La Legión de María.

26 al 30/8. Rezo del Santo Rosario por la feligresía de Guacuco, Atamo Norte, Cantarrana, El Castillo, El Copey, Buenos Aires, Urbanización Santa Lucía y La Sierra.

31/8. Rezo del Santo Rosario por toda la feligresía asuntina.

El ingrediente no religioso es variable. El programa desarrollado en 1991 fue el siguiente:

20/7. Inauguración de los VII Juegos Deportivos Asuntinos.

1/08. Paseo de música por las principales calles de la ciudad. Fuegos artificiales. Concierto coral del Grupo "Federico Ruiz".

2/8. Segmentos de la obra "Prometeo Encadenado" a cargo de la Compañía Regional de Teatro.

3/8. Taller de Vocalización para los coralistas margariteños dictado por el profesor Oscar Galeán. Concierto del Grupo "Opus 4".

4/8. Retreta de la Banda Oficial "Francisco Esteban Gómez". Concierto de la Orquesta Típica Margariteña.

5/8. Noches Margariteñas, bajos los auspicios de FONDENE.

6/8. Recital de la cantante Marisol Gil.

7/8. Cine-Foro sobre Tradición Religiosa Popular Venezolana.

8/8. Retreta de gala de la Banda Municipal "Lino Gutiérrez".

9/8. Recital del guitarrista Ignacio Ornes.

10/8. Concierto de gala del Orfeón "Nueva Esparta".

11/8. Baile popular.

13/8. Recital del guitarrista Leonardo Dozano. Paseo de música por las principales calles de la ciudad.

14/8. Paseo de música por los sectores Santa Isabel, Salamanca y El Copey. Fuegos artificiales. Exhibición y venta de artesanía margariteña. Velorio a Nuestra Señora de La Asunción con la participación del Grupo "Luango" del Estado Yaracuy y galeronistas neoespartanos.

15/8. Paseo de música por las principales calles asuntinas. Exposición "La Asunción en el Tiempo". Retreta de la Banda Oficial "Francisco Esteban Gómez". Homenaje popular a Tomás Yáñez. Recital de la mezzosoprano Morella Muñoz. Encuentro Nacional del Folklore con el Grupo "Luango", Cecilia Todd, "Serenata Guayanesa", Ibrahim Bracho y su conjunto y el Grupo "Charaima".

16/8. Reconocimiento a profesionales asuntinos. Actuación del Grupo de Danzas "Adriana Molinar". Diversiones margariteñas.

17/. Recital del guitarrista Efrén Suárez.

Hasta fines del siglo XX las fiestas eran organizadas por dos juntas directivas, una de mujeres para el 15 de agosto, y otra de hombres para la Octava. Por tales circunstancias se establecía una especie de competencia dirigida a hacer las mejores fiestas, que, por razones obvias, debido a la posibilidad de empleo de mayores recursos resultaba ser la de los hombres.

Al fundirse las dos juntas en una sola, en fecha no conocida, se estableció como condición que cuando la presidencia la ocupara un hombre, la vicepresidencia correspondería a una mujer y viceversa.

En 1992 la abogada Celsa Díaz de González pasó a ser la primera mujer en ocupar la presidencia de la junta, tras ocupar el año anterior la vicepresidencia.

Hay tres imágenes de Nuestra Señora de Nuestra Señora de la Asunción: la colonial, que data probablemente del siglo XVII, que permanece en la catedral; y las restantes del siglo XX. Una de éstas es la que sale en procesión y se guarda en la capilla de Santa Lucía, cercana a la catedral.

La madre de Nuestro Señor Jesucristo fue primero patrona de Margarita antes de serlos de la Isla de Margarita.

Así reseñó el 14 de agosto de 2014 las festividades de ese año el diario Sol de Margarita en un reportaje firmado por la periodista Marianela Piñate.

Sesionan en honor a Nuestra Señora de La Asunción

Feligresía llevará la sagrada imagen por las principales calles de la ciudad a partir de las 7:00 p.m. de este viernes. Leopoldo Espinoza disertará sobre la Patrona de Margarita, luego de la misa central.

14 Ago., 2014 concejales de Arismendi sesionarán este viernes en honor a Nuestra Señora de La Asunción. La actividad comenzará una vez finalizada la eucarística que será oficiada por el Obispo de la Diócesis de Margarita, Jorge Aníbal Quintero. La misa comienza a las 10:00 a.m.

A las 5:00 a.m. repicarán las campanas anunciando la Aurora del día de la gran festividad de la Patrona de Margarita. En la misa central Cantounido participará en los cantos de las voces de coral.

El presidente del Instituto Autónomo de Servicio de Bibliotecas de Nueva Esparta, Leopoldo Espinoza, será el encargado de disertar sobre la Patrona de Margarita.

Luego de la sesión especial serán presentadas las agrupaciones musicales: "Yo soy Venezuela", "Los Topo Topo" y "Parranderos de la paz".

El concejal Nelson Acevedo, informó que luego de la procesión de la Santa imagen de Nuestra Señora de La Asunción por las calles aledañas a la catedral, se presentarán "Las Guarichas de Punda", "Contraseña" y Jennifer Moya.

Previa a las festividades religiosas y culturales, la comisión organizadora incluyó en el programa de actividades la visita de la Sagrada imagen a todas las jurisdicciones, comenzando con Tubores a finales del mes de mayo, y finalizando en julio en la isla de Coche, municipio Villalba.

Visita institucional

La imagen también recorrió las instituciones que están en la capital insular. Iniciando en la Alcaldía de Arismendi, pasando por el Consejo Legislativo, Gobernación, IPASME, Policía regional y Palacio de Justicia.

De acuerdo con el programa de actividades, el sábado a las 7:00 p.m., será el Santo Rosario a cargo de las comunidades de las calles Matasiete, La Portada, Guatamare y La Guarina.

Las actividades religiosas se mantendrán hasta el 31 de agosto. El viernes 22, es la octava de las festividades con repiques de campanas, a las cinco de la mañana. A las 7:00 a.m., misa ofrecida por la paz en Venezuela y el mundo, además de una eucarística a cargo del Monseñor Rafael Conde Alfonzo, obispo de la Diócesis de Maracay, y la procesión de la Santa imagen por las principales calles de la ciudad.

Sobre Nuestra Señora de la Asunción escribió Verni Salazar en el diario Sol de Margarita el 15 de agosto de 2015, el texto que sigue:

En el occidente se empieza a aceptar la asunción corporal de María en el siglo XII con la aparición del tratado Ad Interrogata, atribuido a San Agustín.

La Iglesia Católica el 15 de agosto celebra la fiesta de la Asunción de la Santísima Virgen María, esta festividad tiene doble objetivo: la feliz partida de María de esta vida y la asunción de su cuerpo al Cielo.

"En esta Solemnidad de la Asunción contemplamos a María: Ella nos abre a la esperanza, a un futuro lleno de alegría y nos enseña el camino para alcanzarlo: acoger en la fe a su Hijo; no perder nunca la amistad con Él, sino dejarnos iluminar y guiar por su Palabra; seguirlo cada día, incluso en los momentos en que sentimos que nuestras cruces resultan pesadas. María, el arca de la alianza que está en el santuario del Cielo, nos indica con claridad luminosa que estamos en camino hacia nuestra verdadera Casa, la comunión de alegría y de paz con Dios". Homilía de Benedicto XVI (2010).

En el siglo IV se celebraba la fiesta de "El Recuerdo de María" que solemnizaba la entrada al Cielo de la Virgen María y donde se hacía referencia a su asunción, convirtiéndose ésta en la primera referencia oficial a la Asunción en la liturgia oriental; luego en el siglo VI, esta fiesta fue llamada la Dormitio o Dormición de María, donde se celebraba la muerte, resurrección y asunción de María.

En el occidente se empieza a aceptar la asunción corporal de María en el siglo XII con la aparición del tratado Ad Interrogata, atribuido a San Agustín. Pío V, en el siglo XVI, al momento de reformar el Breviario, quitó las citas del "Seudo-Jerónimo" y las sustituyó por otras que defendían la asunción corporal. Luego Benedicto XIV señaló la doctrina de la Asunción como pía y probable, pero sin señalarla aún como dogma (verdad revelada por Dios y declarada como cierta e indudable por la Iglesia).

El dogma de la Asunción relata que la Madre de Dios, luego de su vida terrena, fue elevada en cuerpo y alma a la gloria celestial y fue proclamado por el papa Pío XII, el 1° de noviembre de 1950, en la Constitución Munificentisimus Deus:

"Después de elevar a Dios muchas y reiteradas preces y de invocar la luz del Espíritu de la Verdad, para gloria de Dios Omnipotente, que otorgó a la Virgen María su peculiar benevolencia; para honor de su Hijo, Rey inmortal de los siglos y vencedor del pecado y de la muerte; para aumentar la gloria de la misma augusta Madre y para gozo y alegría de toda la Iglesia, con la autoridad de Nuestro Señor Jesucristo, de los bienaventurados apóstoles Pedro y Pablo y con la nuestra, pronunciamos, declaramos y definimos ser dogma divinamente revelado que La Inmaculada Madre de Dios y siempre Virgen María, terminado el curso de su vida terrenal, fue asunta en cuerpo y alma a la gloria del Cielo".

La devoción de Nuestra Señora de la Asunción, en la Isla de Margarita, está ligada al hecho de su avistamiento por Cristóbal Colón. Así, Heraclio Narváez Alfonzo afirma que: "A partir de 1562 se inicia el período de gracia en el nacimiento y desarrollo de la hoy Capital del Estado Nueva Esparta. Su nombre, que también lo es de la Isla, se debe a la circunstancia de haber sido esta descubierta el 15 de agosto de 1498, día de Nuestra Señora de La Asunción. Con respecto al Título de Ciudad y al Escudo de Armas de La Asunción, fueron expedidos y fechados en el Pardo el 27 de noviembre de 1600".

En la sublimidad de la vetusta iglesia matriz, hoy catedral, la imagen excelsa de Nuestra Señora de la Asunción, Patrona de Margarita, como todos los años, desde hace muchos, se celebran las fiestas en su honor, como símbolo inquebrantable del amor que los asuntinos y los que se acercan a ella con devoción.

Salve Reina de los asuntinos/

Salve dulce y graciosa María/

Salve gloria, solaz y alegría/

del amable y feliz corazón.

Salve Reina de los asuntinos, /

Tú eres madre, abogada nuestra/

Tú eres asunta, tú eres gloriosa, /

ruega a tu Hijo por La Asunción.

"La solemnidad de la gloriosa asunción de la Virgen María, que hoy recordamos, nos abre a la esperanza de la plenitud de la vida del Cielo, a la que Ella ya ha llegado y en la que nos aguarda. Que, por la amorosa intercesión de la Madre de Dios, desciendan abundantes gracias y bendiciones sobre la Iglesia y el mundo". Benedicto XVI.

Fuentes

Marianela Piñate. "Sesionan en honor a Nuestra Señora de La Asunción". Sol de Margarita, 14 de agosto de 2014.

Programa 1991.

Rodulfo González. "Nuestra Señora de La Asunción Primera Patrona de Porlamar". Proceso, 17 al 23 de agosto de 1992.

Verni Salazar. "Nuestra Señora de la Asunción, patrona de Margarita". Sol de Margarita, 15 de agosto de 2015.

San Pedro Apóstol

Es el patrono de San Pedro de Coche, Municipio Villalba, y de la localidad de Puerto Moreno, Municipio Maneiro.

En San Pedro de Coche las fiestas organizadas por una Junta Directiva se celebran desde el 20 de junio hasta el 28 de julio. Se enfatiza el 29 de junio, Día de San Pedro Apóstol, cuando rige el siguiente programa:

Repique de campanas, fuegos artificiales y paseo musical. -Solemne misa estacional presidida por el obispo de la Diócesis de Margarita. Procesión a las cuatro de la tarde.

La programación general es la siguiente:

20 de junio. Repique de campanas y fuegos artificiales. Comienzo del Novenario.

21 de junio. Misa en Güinima. Misa y Novena en San Pedro de Coche.

22 al 23 de junio. Rosario y Novena.

24 de junio. Bajada de la imagen del sitial donde permanece todo el año. Ésta "es una bella ceremonia que dura diez minutos aproximadamente, cargada de emoción y fervor cristiano, la gente aplaude frenéticamente, otros cantan himnos alusivos al Apóstol y a la iglesia, repentinamente queman fuegos artificiales y repican las campanas", reportó Diario Insular el 15 de noviembre de 1991, añadiendo:

Algunos lloran de contento. Es un momento significativo y conmovedor para la comunidad, la alegría y el llanto los invade a todos. Los fieles ofrendan presentes al Santo Patrono.

25 al 27 de junio. Continuación de la Novena.

28 de junio. Bautizos y confesiones. Misa, Santo Rosario y Salve.

29 de junio. Día de San Pedro Apóstol. Primeras comuniones. Misa presidida por el

obispo de la Diócesis de Margarita. Procesión en un recorrido de cuatro horas.

30 de junio. Misa por los pescadores.

Este programa religioso es complementado con actividades culturales y bailes populares.

En 1987 la Junta Directiva encargada de organizar las festividades fue presidida por Inocente Vicent Lunar.

El 29 de junio de 1970 el obispo de la Diócesis de Margarita, monseñor Francisco de Guruceaga Iturriza, decretó la erección canónica de la Parroquia de San Pedro Apóstol, con sede en esa localidad. Hasta entonces la isla de Coche había dependido eclesiásticamente de la Parroquia del Santísimo Cristo del Buen Viaje, de Pampatar.

La actual iglesia fue bendecida el 29 de junio de 1971, construyéndose durante el mandato del gobernador Bernardo Acosta. Su costo fue de Bs. 120 mil aportados por la Gobernación del Estado Nueva Esparta y la Diócesis de Margarita. El constructor de la obra fue Amadeo Moino, bajo la inspección del ingeniero Pedro Rivero Núñez.

En Puerto Moreno, Municipio Maneiro, las festividades son organizadas por un Comité, presidido en 1992 por Amérides González.

Ese año se cumplió el siguiente programa:

20 de junio. Inicio de la Novena con el rezo del Santo Rosario hasta el 26. Celebración vespertina de la Eucaristía.

24 de junio. Santo Rosario por los enfermos de la comunidad.

25 de junio. Santo Rosario por los niños y jóvenes.

26 de junio. Santo Rosario por las familias de la localidad.

27 de junio. Santo Rosario y confesiones. Santa Misa ofrecida por los pescadores.

28 de junio. Charla prebautismal para padres y padrinos. Celebración comunitaria del bautismo. Confesiones. Culminación del Novenario con el rezo del Santo Rosario, Letanías, Prédica y Salve. Fuegos artificiales.

29 de junio. Día de San Pedro Apóstol. Celebración solemne de la Eucaristía. Procesión.

Esta programación religiosa se complementó con eventos culturales y sociales.

La feligresía de esta población viene celebrando tal festividad probablemente desde 1987.

En principio estaba una imagen pequeña de bulto de 30 centímetros adquirida mediante recursos proporcionados por el alcalde del Municipio Maneiro Jesús Manuel Ávila y un feligrés de la parroquia del Santísimo Cristo del Buen Viaje. Esto ocurrió en 1991. Ese mismo

funcionario, en su condición de presidente del Concejo Municipal, hizo construir la capilla.
Fuentes

Programas 1987, 1992 y 2002.
Diario Insular, 15-11-1991.
Informante Clave Pedro Alberto Mata.
Jesús Manuel Subero. El Libro de Coche. Caracas, Editorial   Texto, S.R.L, 1975.

Virgen del Rosario

Sus fiestas se celebran en las localidades de El Bichar, Municipio Villalba, y El Guamache, Municipio Tubores.

También es denominada Nuestra Señora del Rosario.

El programa religioso de 1987 en El Bichar fue el siguiente:

1° de octubre. Inicio de las festividades con el comienzo de la Novena.

4 de octubre. 4ta. peregrinación desde San Pedro de Coche hasta El Bichar a partir de las seis de la mañana.

7 de octubre. Misa.

10 de octubre. Repique de campanas y fuegos artificiales. Paseo musical por las calles de la localidad. Salve solemne.

11 de octubre. Repique de campanas y fuegos artificiales. Misa y comuniones. Bautizos. Procesión a partir de las 5:30 pm.

12 de octubre. Misa en honor a los pescadores. Regata de botes con la imagen de San José.

Cabe advertir que hay una parte no religiosa consistente en baile popular y eventos culturales.

En El Guamache toda la organización corre a cargo de una Junta Directiva, cuya primera presidente fue Bernardina Rodríguez.

El siguiente año al frente de la directiva estaba María Salazar de Aguiar, todavía en dicho cargo en 1992, cuando la entrevistamos.

Ella nos explicó que las festividades se realizan en dos niveles, el religioso y el no-religioso, entre el 28 de septiembre y el 10 o el 13 de octubre, con énfasis en el Día de la patrona, el 7, y la Octava.

El programa religioso entre el 28 de septiembre y el 5 octubre contempla el Ejercicio de la Novena. El 6, víspera de las festividades, hay confesiones, rezo del Santo Rosario y Canto de la Salve.

El 7 tienen lugar la celebración del sacramento del bautismo y la Eucaristía, así como la procesión que se realiza a partir de las cinco de la tarde.

Durante los siguientes días hasta la Octava, cuando se produce otra procesión, se celebra la Eucaristía.

Según la informante, desde 1990 un grupo de persona, integrado por Pablo Marval, Lilia Marcano, Teudovín Marval, América de Lárez y Melva de Marcano se ocupa de organizar la parte no-religiosa de la fiesta, consiste en actividades culturales y deportivas y bailes populares.

La iglesia se comenzó a construir –reveló- en 1980, siendo concluida en 1981.

La imagen original de Nuestra Señora del Rosario fue donada por don Francisco Suárez González y llegó a la localidad, desde España, en el barco Buenaventura el 24 de febrero de 1980. Esta imagen no sale en procesión sino otra de menor tamaño. La procesión el día 7 se dirige hacia la parte de arriba de la población y en la Octava hacia la parte de abajo. La imagen es llevada en una pequeña plataforma móvil empujada por la feligresía, donación de Abraham Hernández.

Fuentes

Programas
Informante Clave María Salazar de Aguiar.

Nuestra Señora del Cobre

Las fiestas se vienen celebrando desde 1990, cuando el gobernador Morel Rodríguez Ávila donó la imagen y entregó a la comunidad la capilla que había sido iniciada en 1989.

La informante clave Inés Marval de Hernández conocida en la localidad como Iris, nos reveló que la feligresía quería como patronos al Corazón de Jesús o Santa Rosa, pero el obispo César Ramón Ortega, partidario de que la patrona fuera Santa Lucía, se opuso a la elección de la comunidad por cuanto ambos santos ya eran patronos de otras poblaciones de Margarita.

Morel- explicó- como es devoto de Nuestra Señora de la Caridad del Cobre, ofreció donar la imagen y el pueblo la aceptó.

En la organización de los autos no religiosos participa la directiva del Centro Cultural "Eloy Marval". En 1991 la Junta Patronal fue presidida por José Manuel Marval, teniendo como tesorera a Teresa Salazar. Operó también un comité bajo la coordinación general de Ramón Narval; Luis López Marval, coordinadora de Eventos Sociales; Amador Salazar, coordinador de Deportes, y Eumerys de Brito, coordinadora de Cultura.

Ese año el programa religioso comenzó el 28 de noviembre y culminó el 13 de diciembre, comprendiendo el Ejercicio de la Novena en honor a la santa patrona, rezo del Santo Rosario, confesiones, canto de la Salve, charla y celebración del Sacramento del Bautismo, celebración de la Eucaristía y la procesión, el Día de Nuestra Señora de la Caridad del Cobre, el sábado 7.

La programación no religiosa quedó desglosada así:

Jueves 28/11. Actuación de los grupos dancísticos "Las Casitas" y "Punta Guamache".

Viernes 29/11. Actuación de los conjuntos musicales "Los Anónimos" y "Estudio y Gaita".

Sábado 30/11. Actuación del grupo musical "Vendaval".

Lunes 2/12. Actuación del grupo musical "Cuerdas Espartanas" y las agrupaciones dancísticas "Matasiete" y "Santa María".

Martes 3/12. Actuación de los grupos musicales "Serenata Insular" y "Arestinga" y el grupo de danzas "Nueva Esparta".

Miércoles 4/12. Concierto del Orfeón "Nueva Esparta" y presentación del grupo do danzas "Macanao".

Jueves 5/12. Presentación del grupo de danzas "Narciso Gil".

Viernes 6/12. Actuación de los conjuntos musicales "Vendaval", e "Isla de Coche". Gran Amanecer Gaitero y "Parrandeando con Mundial Margarita".

Sábado 7/12. Presentación del grupo musical "Melao".

Domingo 8/12. Gran desfile musical de la banda show "Bartolomé Ferrer" y actuación de diversos conjuntos musicales.

Del lunes 9 al viernes 13/12. Actividades recreativas y juegos tradicionales.

Nos explicó la informante que el nicho donde se conserva la piadosa imagen de la patrona fue donado por la maestra María Marcano.

Fuentes

Entrevista con Inés Marval de Hernández.

Pedro Velásquez. "Fiesta en honor a la Virgen de La Caridad del Cobre". Diario del Caribe, 27-11-91.

San Judas Tadeo

Se celebran en Santa María, Municipio Tubores, del 18 al 30 de octubre, con énfasis el 27, víspera del Día del patrono, del 21 al 28, y en Los Robles, Municipio Maneiro, donde es copatrón.

En la primera localidad la programación comprende ingredientes religiosos y no-religiosos.

El programa religioso es generalmente el mismo: Novena y Santo Rosario (18 al 26); celebración de la Eucaristía y el Santo Bautismo (22 al 23); Confesiones y Canto de la Salve (27) y la Eucaristía y la procesión (27).

Esta festividad fue incorporada en la población por Omaira Zabala, quien en 1990 hizo la donación de la sagrada imagen del patrono, que se conservó en el hogar de María Rosario González hasta la construcción e inauguración de la iglesia por parte del gobernador de la época Morel Rodríguez Ávila en 1992.

Una Junta Directiva nombrada por el pueblo se encarga de organizar las celebraciones, cuyo acto central es el 27 de octubre y no el 28, Día de San Judas Tadeo, por coincidir con la fecha consagrada en el santoral católico a San Simón Apóstol, patrono de Punta de Piedras, que da nombre a la parroquia eclesiástica.

La informante, Petra de González, indicó que las fiestas desde que se inició la devoción ella, en calidad de tesorera; Rosina de Gómez, presidenta; Mary Salazar, secretaria, y Juana de Salazar, Isidoro Reyes y Cruz Carmen León, como vocales.

Este fue el programa no religioso desarrollado en 2005, según reporte periodístico de Diario del Caribe fechado el 12 de octubre de ese año fue el siguiente:

16-10. Feria del Sombrero. Eventos deportivos.

22-10. IX Juegos Deportivos Municipales Tubores 2005.

23-10. Cuadrangular de fútbol. Concierto.

25-10. Concierto.

26-10. Caravana automovilística por todas las calles de la localidad. Gala de danza.

27-10. Elección y coronación de la reina.

28-10. Baile popular amenizado por la agrupación musical Dimensión Tropical.

29-10. Baile popular con la agrupación Agua y Candela. Rally ciclístico. Intercambio de softbol. Feria del Dulce. Actos culturales.

30-10. Feria del Dulce. Actos culturales. Gran toma deportiva.

En Los Robles, San Judas Tadeo es copatrón desde el 29 de mayo de 1955, cuando con ocasión de las fiestas de La Ermita y el Día del Árbol se bendijo en la iglesia local la preciosa imagen donada por Rosa Dolores Ávila Guerra, que había sido adquirida en España.

Sus festividades son organizadas por el Centro "Ideales".

En 1992 rigió el siguiente programa;

21-10. Santa Misa y Santo Rosario ofrecido por las familias de la parroquia.

23-10. Charla prebautismal para padres y padrinos.

24-10. Confesiones. Solemnes vísperas. Santo Rosario, Sermón y Salve.

25-10. Confesiones. Solemne Eucaristía. Celebración comunitaria de bautizos. Celebración dominical de la Eucaristía. Procesión por las calles Libertad Este, Bolívar, Fraternidad y Aurora.

28-10. Día de San Judas Tadeo, Santo Rosario y Santa Misa ofrecida por todos los devotos del copatrón.

El acto central se celebra el último domingo de octubre.

Esta programación fue complementada con actividades culturales.

Fuentes

Informantes claves Nicanor Navarro y Petra de González.

Programas.

"Con la feria del sombrero se iniciaron fiestas de San Judas Tadeo".

Diario del Caribe, 12-10-05.

Nuestra Señora del Carmen

Sus festividades se celebran en las localidades de Las Cuicas y Orinoco, Municipio Tubores; Pedregales, Municipio Marcano; El Tirano, Municipio Antolín del Campo; El Palotal, Municipio Díaz, sector Bella Vista de Porlamar; sector La Otra Sabana de Los Robles; sector Las Tapias de Salamanca, Municipio Arismendi, desde 1985 y sectores Los Barrios y Las Mercedes, Punta de Piedras, desde julio de 2004.

En las primeras dos localidades la devoción fue promovida por Lino Salazar. Las celebraciones en Las Cuicas se hacían inicialmente en una pequeña capilla y luego en la edificación actual. La programación esencialmente religiosa se extiende del 7 al 16 de julio, Día de la Patrona.

El programa religioso que rigió en 2008 fue el siguiente:

Lunes 7 de julio. Misa por las comunidades de Las Hernández, Las Giles y Las Marvales. Rosario Iluminado.

Martes 8 y miércoles 9. Santo Rosario.

Jueves 10. Misa por los enfermos y ancianos. Santo Rosario.

Viernes 11. Misa por los jóvenes y niños. Santo Rosario.

Sábado 12. Primera Comunión. Santa Misa, bautizos y Santo Rosario.

Domingo 13. Santo Rosario.

Lunes 14. Misa por las comunidades de las Cuicas y Orinoco. Santo Rosario.

Martes 15. Santo Rosario, Salve y fuegos pirotécnicos.

Miércoles 16. Día de la Virgen del Carmen. Procesión a las 4:30 p.m. en el sector Orinoco. Misa Solemne.

En Pedregales la devoción fue introducida en 1984 por Heriberto Azugaray, quien se encargó de realizar las festividades hasta 1989.

La capilla, bendecida por monseñor Parra León en 1977, es obra comunitaria de la feligresía, mediante trabajo dominical.

La donación de la imagen es atribuida a Ismenia Villalba de Villalba.

Las festividades, que se limitan solamente al Día de Nuestra Señora del Carmen, el 16 de julio, son organizadas por el Centro Cultural y Deportivo "Pedregales" y se limitan, en lo religioso, Salve, Santa Misa y procesión, y en lo no religioso, a actividades culturales y deportivas.

En El Tirano, la primera festividad se celebró el 16 de julio de 1919, tras recibir la feligresía la sagrada imagen pedida a España, el 13 de mayo de ese mismo año, adquirida por el padre carmelita Fray Agustín María Costa.

Su donante fue la devota Carmen Mendoza.

La primitiva iglesia data del año 1918 y fue derribada para dar paso a la actual, inaugurada por el gobernador Morel Rodríguez Ávila el 8 de junio de 1992.

Las festividades, que tienen lugar el 16 de julio, Día de Nuestra Señora del Carmen, eran organizadas en 1992 por una Comisión, a cuyo frente se hallaba Efraín Ágreda.

El programa de ese año contempló Novenario, Rosario, Misa Solemne y procesión, que salió del templo hacia el malecón y al regreso le dio la vuelta a la plaza Bolívar.

Anteriormente se llevaba a efecto la procesión por el mar.

En El Palotal, sector de La Guardia, el mayor atractivo de las festividades en 1992 lo constituía la procesión marítima con decenas de botes de los pescadores locales, el Día de Nuestra Señora del Carmen, el 16 de julio.

Probablemente las fiestas se vienen celebrando desde la década de los años 40 del siglo XX. En el principio éstas se celebraban en una capilla cercana al mar, hasta que en 1988 con contribución económica de la feligresía y la municipalidad de Díaz fue construida la actual iglesia.

Las celebraciones son organizadas por una Junta Directiva, presidida en 1992 por Pedro Vásquez.

En 1991 la programación se desarrolló así:

12/7. Repique de campanas y fuegos artificiales. Programa radial transmitido desde la propia iglesia. Presentación del Grupo de Danzas "Club Araguaney". Baile popular amenizado por un prestigioso grupo musical.

13/7. Repique de campanas y fuegos artificiales. Programa radial. Inicio del cuadrangular de fútbol de salón con equipos locales. Clásico Ciclístico organizado y dirigido por la Liga de Ciclismo Menor del Municipio Díaz. Baile popular con conjunto.

14/7. Repique de campanas y fuegos artificiales. Eucaristía. Charla pre-bautismal. Juego de softbol. Actuación de los grupos dancísticos "La Vecindad" y "Santa María". Presentación del grupo "Madre Perla". Baile popular.

16/7. Día de Nuestra Señora del Carmen. Actividades religiosas, con especial énfasis en la procesión marítima de los pescadores hasta la iglesia María Auxiliadora de La Guardia. Actos culturales y deportivos. Baile popular.

En Las Cuicas y Orinoco celebran la víspera y el Día de Nuestra Señora del Carmen.

En 1991 rigió la siguiente programación:

15/7. Confesiones. Último día del Novenario. Rezo del Santo Rosario y canto de la Salve. Fuegos artificiales.

16/7. Celebración de la Eucaristía. Procesión.

Esa programación religiosa fue complementada con actividades culturales y sociales.

En Bella Vista, sector de Porlamar, desde 1990 se celebran las fiestas en honor a Nuestra Señora del Carmen. El 21 de marzo de ese año la feligresía la designó su patrona La primera Junta Directiva Patronal fue presidida por Bernardina Amundaray.

La imagen la donó su autor, Luis Beltrán Mago, por intermedio de doña Josefina de López y Luis Beltrán López Villarroel. Permaneció hasta la construcción de la capilla en la casa de Amanda Fajardo.

El directorio correspondiente a 1992 lo presidía Jesús León.

Ese año se desarrolló el siguiente programa:

3/7. Presentación a los medios de comunicación social de las candidatas al reinado de las festividades.

4/7. Inauguración de los Primeros Juegos Bellavisteros.

5/7. Baile popular con la Orquesta Swing Latino.

10/7. Elección de la reina de las festividades.

11/7. Baile popular con el Grupo Kanela.

12/7. Biatlón de natación y atletismo. Juegos tradicionales.

13/7. Actividades culturales.

14/7. Juegos amistosos entre Bella Vista y Valle Verde.

15/7. Víspera de las festividades. Rosario. Baile popular con la Orquesta Tropical Band. Fuegos artificiales.

16/7. Día de Nuestra Señora del Carmen. Procesión. Baile popular con la Orquesta Los Anónimos.

17/7. Festival de Galerón y baile popular.

18/7. Amanecer Bellavistero. Baile popular con la Orquesta Swing Latino.

19/7. Embarque o paseo de la virgen en el mar y baile popular

En el sector La Otra Sabana las festividades eran organizadas en 1992 por la Sociedad de Damas del Carmen, que presidía Nélida Rosas de Rodríguez, con la colaboración de Valentín González y Juana Pascuala de Dubén, encargada de la conservación y mantenimiento de la capilla.

Además de las actividades religiosas, con énfasis en el Día de Nuestra Señora del Carmen, ese año hubo paseo de música, bailes populares y la Quema de Judas.

En los sectores El Barrio y Las Mercedes la programación religiosa se extiende desde el 7 de julio al 17 del mismo mes.

Estos fueron los eventos de 2004, año que por primera vez se produjo su celebración:

7/7. Inicio del Novenario. Rosario por la feligresía de la calle Santa Bárbara. Santa Misa Comunitaria.

8/7. Rosario por la feligresía del barrio Simón Marval.

9/7. Rosario por la feligresía de la urbanización Las Mercedes.

10/7. Rosario por la feligresía de Punta de Garza. Celebración de la Santa Eucaristía.

11/7. Santo Rosario por la feligresía de La Ponderosa.

12/7. Santo Rosario por la feligresía de Monte Oscuro.

13/7. Santo Rosario por la feligresía de la Calle Nueva.

14/7. Santo Rosario por la feligresía de la calle Divino Niño.

15/7. Fin del Novenario. Salve y Letanías por todos los feligreses de la comunidad en general. Fuegos artificiales.

16/7. Estallido de cohetes para anunciar el Día de Nuestra Señora del Carmen. Paseo marítimo con la patrona acompañada de pescadores y otros feligreses. Procesión. Celebración de la Santa Misa.

17/7. Comunión de los niños de ambos sectores. Santa Misa en Acción de Gracia.

Sobre Nuestra Señora del Carmen se lee en Wikipedia, la enciclopedia libre:

Virgen del Carmen o Nuestra Señora del Carmen es la denominación común que suele recibir Santa María del Monte Carmelo, una de las diversas advocaciones de la Virgen María. Su denominación procede del llamado Monte Carmelo, en Israel, en la ciudad de Haifa, un nombre que deriva de la palabra Karmel o Al-Karem y que se podría traducir como 'jardín'. Existen hoy en activo órdenes carmelitas repartidas por todo el mundo, masculinas y femeninas, las cuales giran en torno a esta figura mariana.

En España, Puerto Rico y Costa Rica es patrona del mar, también es patrona de la Armada Española. Es considerada Reina y Patrona de Chile, de sus Fuerzas Armadas y de los Carabineros; es patrona de la Policía Nacional, del Ejército Nacional, de los marineros y de los conductores en Colombia; en Bolivia es la Patrona de la Nación y de sus Fuerzas Armadas; en el Perú es "Patrona del criollismo" y "Alcaldesa Perpetua de la Ciudad de Lima" y en Venezuela es patrona del Ejército y los conductores. Además, fue patrona del

Ejército de los Andes que, liderado por el general José de San Martín, gestó la independencia de Argentina, Chile y Perú.

Esta advocación da nombre a todas aquellas personas que se llaman Carmen, Carmela o Carmelo, y que celebran su onomástica en la festividad de Nuestra Señora del Carmen, el 16 de julio, que la Iglesia católica conmemora con calidad de memoria facultativa.

Fuentes

Informantes claves Heriberto Azugaray, Juana de Natera, Efraín Ágreda, Pedro Vásquez, Luxi de González, Juana Pascuala González de Dubén.
Programas.
Sol de Margarita, 17-7-2005,
Wikipedia, la enciclopedia libre.

Inmaculada Concepción

Sus festividades se celebran en el sector Genovés de Porlamar, en el caserío La Uva, Municipio Villalba, y en Las Giles, Municipio Tubores.

En el sector Genovés se efectúan desde 1989 y tenían lugar en 1992 el último domingo de mayo.

Para entonces la organizaba la ya inexistente Asociación de Vecinos, bajo la coordinación de Nora de Yordano.

La imagen fue donada por Osvy Guilarte.

En la capilla original, que dio paso a la actual, había una cruz.

Ese año, además del rezo del Santo Rosario y procesión, hubo un maratón y música de la miniteca "La Cuadra".

La Inmaculada Concepción, conocida también como la Purísima Concepción, es un dogma de la Iglesia católica decretado en 1854 que sostiene que la Virgen María estuvo libre del pecado original desde el primer momento de su concepción por los méritos de su hijo Jesucristo, recogiendo de esta manera el sentir de dos mil años de tradición cristiana al respecto.

Desconocemos la fecha de su celebración el 8 de diciembre.

Sobre ella se lee en Wikipedia, la enciclopedia libre:

Al desarrollar la doctrina de la Inmaculada Concepción, la Iglesia católica contempla la posición especial de María por ser madre de Cristo, y sostiene que Dios preservó a María desde el momento de su concepción de toda mancha o efecto del pecado original, que había de transmitirse a todos los hombres por ser descendientes de Adán y Eva, en atención a que iba a ser la madre de Jesús, quien también es Dios. La doctrina reafirma con la expresión «llena de gracia» (Gratia Plena) contenida en el saludo del arcángel Gabriel (Lc. 1,28), y recogida en la oración del Ave María, este aspecto de ser libre de pecado por la gracia de Dios.

El 8 de diciembre de 2018 la periodista Martha León, del diario Sol de Margarita, cuya sede es vecina de la capilla, escribió sobre la festividad de ese año el reportaje titulado "Vecinos de Genovés temen festejar a su patrona

La Inmaculada por falta de luz" el texto que sigue:

La devota María Palma refirió que en esta fiesta se involucran gran parte de las familias del sector, pero este año la procesión se realizará más temprano este 8 de diciembre, porque no funcionan las luminarias en la mayoría de las calles de la zona que se ha vuelto insegura.

8 Dic. 2018, La comunidad del sector Genovés del municipio Mariño, celebra este sábado 8 de diciembre el día de su patrona la Virgen Inmaculada Concepción también conocida como La Purísima Concepción, porque pesar de los pesares, como manifiestan los vecinos del sector, oficiarán su especial eucaristía.

Josefina Palma, pobladora del sector, indicó que siempre ha formado parte de esta devoción y celebración en la cual participan gran parte de los vecinos de la zona, con un novenario que empezó el jueves 29 de noviembre y donde cada día visitan a una vivienda del sector a las 4:30 p.m., familias que como mencionó "son rotadas cada año para así dar participación e involucrar a todos".

Palma comentó que esta es una ceremonia que empieza el viernes, donde el pueblo acude la pequeña iglesia en la calle Fermín para rezar la Salve y el Rosario. A su vez dijo que el sábado a las 10 de la mañana, se efectuará la eucaristía central, que será dirigida por el padre Rafael Rodríguez con mucha dedicación.

Por otra parte, señaló, que ese mismo día a las 4:30 p.m. se realizará la procesión de la Inmaculada Concepción y caminarán por todo el sector, sin dejar de enunciar la devota su gran preocupación, así como la de todos los vecinos, porque en la zona hay una oscuridad tremenda.

La medida de hacer el recorrido más temprano fue tomada junto al párroco de la iglesia, para evitar cualquier percance y que las personas del pueblo puedan acompañar a la imagen.

Palma resaltó que la devoción a la Virgen María es muy grande, porque ella es la intercesora ante su hijo amado y cada petición que se le hace a ella, su hijo no se niega a complacer. De igual forma dijo, que este es un tiempo apremiante, aunque falten varias cosas, porque no sabemos cuándo llega el hijo del hombre a visitarnos.

"Una visita que se puede dar en la precariedad, el dolor, sufrimiento, alegría, por eso debemos estar pendientes y entrar en la humildad de su madre María, la que pone todo en las manos de su hijo y eso es lo que hace, la Inmaculada Concepción con nosotros, por eso es una bendición tenerla como patrona del sector, quien nos da la fuerza para avanzar", puntualizó.

LO MEJOR POSIBLE

Ramón León conocido como "Moncho" precisó, que esta celebración se da todos los años y en los anteriores niños del sector y de otras partes, tomaban la comunión una evocación donde los pobladores se acercan y participan de los rezos.

De igual forma León expresó que inician con las novenas, donde rezan el Santo Rosario y le cantan a la Virgen, en varios hogares de familias del sector que son rotadas y seleccionadas.

Expresó que en años pasados se adornaba tanto la imagen de La Inmaculada y la iglesia, pero debido a la situación están en la expectativa, de si se le pueden ofrecer las flores. "Trataremos de hacer lo mejor posible, para que se dé la festividad".

Asimismo, María Palma recalcó que desde que La Inmaculada es la patrona del sector Genovés ella es devota y practicante de su fe, porque siempre acuden a la misa y a su procesión a las que asisten con la familia y participación de los niños con sus cánticos.

Recordó también que el año pasado su hogar fue elegido para la novena donde rezaron el rosario.

Manifestó que entre sus peticiones está la paz, la familia, la salud, por el país y porque mejore pronto la situación que se está viviendo, y por los habitantes del sector.

Palma enfatizó que esta es una fiesta en la que se involucra gran parte de las familias del sector, pero que este año, la procesión se realizará más temprano, por la razón, de que no tienen servicio eléctrico en las luminarias de la mayoría de las calles de la zona.

La comunidad de Genovés busca que los feligreses devotos a la imagen de la Inmaculada Concepción, en estos tiempos de premura, se acerquen en confraternidad, amor y fe a su regazo, en busca de la comunión con el Padre y su hijo Jesucristo.

Los creyentes extendieron la invitación a los habitantes del sector y de zonas cercadas para que participen el viernes de la Misa de la Víspera de la celebración del día de la Inmaculada Concepción y el sábado a la Eucaristía y procesión.

En Las Giles las festividades se extienden del 29 de noviembre al 8 de diciembre día consagrado en el santoral católico para sus fiestas.

Su organización corre a cargo de una Junta Directiva presidida en 1992 por Epifanía Salazar.

La imagen llegó a la localidad el 1° de diciembre de 1985 y fue adquirida mediante contribución económica aportada por la feligresía local, Guayacán, El Hatico y Los Vásquez, celebrándose ese año por primera vez la festividad, que es eminentemente religiosa.

Hasta la construcción de la capilla, entre los años 1986-1987, la venerada patrona permaneció en una vivienda de la comunidad.

El programa de 1992 fue el siguiente:
Del 29/11 al 7/12. Novenario.
4/12. Confesiones.
5/12. Bautismos.
7/12. Último día del Novenario, rezo del Santo Rosario y canto de la Salve,
8/12. Día de la Inmaculada Concepción. Celebración de la Eucaristía y procesión.

En el caserío La Uva las festividades se celebran desde 1992, cuando Mario Peláez Lombana hizo donación de la imagen por intermedio del sacerdote Ramiro Castaño.

La organización está a cargo de una Junta Directiva presidida ese año por Dionisio Salazar.

Como la capilla en junio de 1993 estaba en proceso de construcción por parte de la Alcaldía de Villalba, la imagen era guardada en una casa abandonada de la localidad.

El programa cumplido ese año fue de carácter religioso, deportivo y cultural y se extendió desde el 1° al 13 de diciembre.

Los actos religiosos contemplaron Salve, Misa Solemne, Bautizos, Comuniones y procesión; los deportivos, el 13, diversos eventos, y los sociales, del 11 al 13, bailes populares amenizados por conjuntos musicales prestigiosos.

Fuentes

Informantes claves Carmen Aguilera de Velásquez, Ledys Salazar, Epifanía Salazar y Dionisio Salazar.

Sol de Margarita, 8 de diciembre de 2018.

Wikipedia, la enciclopedia libre.

Nuestra Señora de El Valle

La patrona de Oriente, de El Valle del Espíritu Santo, capital del Municipio García, y de las Fuerzas Navales, lo es también de Laguna de Raya, Municipio Tubores; El Poblado, Municipio Mariño; sector Palosano de La Asunción, Municipio Arismendi, Guayacán Norte, Municipio Tubores, y de Los Cocoteros, Municipio Gómez, entre otras localidades.

Ella da nombre a la parroquia eclesiástica creada en 1585, con sede en El Valle del Espíritu Santo.

En esa localidad se desarrolló en 1985 el siguiente programa:

2 al 4/9. Santa Misa y Santo Rosario.

5/9. XIV Peregrinación Nacional y oración por la paz mundial y vocaciones sacerdotales.

6/9. Santa Misa y Santo Rosario.

7/9. Víspera de la festividad. Santa Misa, Santo Rosario, Salve y Prédica. Fuegos artificiales.

8/9. Día de Nuestra Señora del Valle. Misa Solemne oficiada por el obispo de la Diócesis de Margarita, César Ramón Ortega Herrera, con asistencia de monseñor Alfredo Rodríguez Figueroa, primer arzobispo de la Diócesis de Cumaná.

9/9. Actividades a cargo de la Comunidad Indígena "Francisco Fajardo".

10 al 13/9. Santa Misa y Santo Rosario.

14/9. Víspera de la Octava. Santa Misa, Santo Rosario, Prédica y Salve. Fuegos artificiales.

15/. Fiesta de Octava. Solemne Misa Pontificial. Procesión el Santísimo Sacramento. Santa Misa y Santo Rosario.

El 2/9 se produce la baja de la sagrada imagen de su nicho y el 8/12 es subida hasta la próxima fiesta. Ambas actividades son realizadas desde hace años por el periodista y docente Pedro Claver Cedeño.

La parte no religiosa de las festividades, constituida por eventos deportivos y culturales, se inició en 1992 el 21 de agosto, cuando los equipos participantes en las especialidades de baloncesto libre, volibol masculino y femenino, futbolito, softbol y bolas criollas masculino y femenino se concentraron frente a la Medicatura de Las Piedras del Valle para efectuar el desfile con sus respectivas madrinas, acompañados por una Banda Show hacia el estadio "José Luis Bruzual!, donde fueron bendecidos por el presbítero Manuel Barreto y juramentados por el deportista Abi Millán.

El 6/9 se llevó a efecto la XXI edición del Maratón "Virgen del Valle", con la participación de 500 atletas de distintas categorías. Este evento fue organizado por "Los Marinos de Punda" y el Club Aeróbico "Los Chamitos".

Todas esas actividades se correspondieron con el desarrollo de la III Feria en honor a la Virgen, organizada por la Alcaldía del Municipio García, evento que en su contenido cultural tuvo la activa participación del ya inexistente Fondo Para el Desarrollo del Estado Nueva Esparta.

Esta parte comprendió:

4/9. Noche de Teatro frente al Santuario. Serenata de Swing Latino.

5/9. Jornadas de Creatividad Infantil. Presentación de las Danzas "Mis Primeros Pasos".

6/9. Realización de evento artístico "Los Niños Cantan a la Virgen".

Ese año, como ya es tradicional, la caravana de vehículos de la Línea "Mariño" anunció ruidosamente el inicio de las festividades a las cinco de la mañana del 1/9, oportunidad en la cual se efectuó la actividad cultural "Un Canto a la Virgen", donde participaron artistas musicales de Margarita y otros lugares del país.

El templo neogótico donde tienen lugar las actividades religiosas fue antes una ermita, construida alrededor de 1528.

El origen de la sagrada imagen, coronada por monseñor Durán, mediante delegación pontificial, el 8 de septiembre de 1911 con una corona de oro del Caroní, tiene connotaciones legendarias e históricas.

La leyenda sostiene que los indios Guaiqueríes, primeros pobladores de lo que hoy es la isla de Margarita, descubrieron entre las zarzas, junto a una caverna, morada de adivinos, una figura resplandeciente que tenía un halo de estrellas y un pedestal de nubes, estando el monte cubierto de infinitas estrellas blancas.

Y piadosamente la condujeron a un valle y allí erigieron su santuario.

Otra versión legendaria indica que la preciosa imagen fue encontrada en Guaraguao, donde había sido dejada por equivocación, pues iba hacia otro destino.

La historia, en cambio, habla de una promesa del capitán español Juan Ortega, quien a fines del siglo XVI hizo trasladar la famosa Virgen del Valle de Teija, España.

Otra versión histórica proveniente del Hermano Nectario María señala con plena y absoluta certeza que la Sagrada Imagen llegó al principio a la isla de Cubagua, antes de 1530, de donde fue trasladada a Margarita.

La Virgen del Valle –reveló el 8 de septiembre de 2018 el portal "Noticias Católicas y Cristianases" - es la imagen inmaculada de la madre de Dios más antigua del continente americano, cuya figura llegó a Cubagua, en momentos, cuando los Guaiqueríes imploraban por un milagro que pusiera fin a la barbarie de los españoles en contra de su raza.

Fue entonces cuando estos nativos solicitaron a España se les enviará una imagen de la Inmaculada Concepción para rendirle adoración en uno de los templos que se construían en Nueva Cádiz (La Primera Ciudad Española fundada en América del Sur, Ubicada en la Isla de Cubagua) que tuvo mucho auge en el comercio debido a la extracción de perlas, ya que en sus mares abundaban.

Cuenta la historia, que algún anónimo artista español, del siglo VI, modeló en madera sus facciones de rostro angelical junto a brazos y manos, como un conjunto armonioso de la representación de "La Purísima", y sus elementos sostenidos con listones del mismo material, para darle la apariencia de la Inmaculada Concepción madre de Jesús.

Trascurría el año de 1529 cuando un galeón la llevaba a Santo Domingo, antigua isla La Española, pero la Providencia hizo que, al arribar al puerto de Cubagua, santificara al primer poblado europeo de América, para darle consuelo a los nativos guaiqueríes a la sombra de su Ermita.

El 25 de diciembre de 1541, cuando la feligresía de Cubagua celebraba en la ermita de su Patrona el nacimiento de Jesús, y la iglesia elevaba sus oraciones al cielo para alabar al Todopoderoso, en el horizonte, una nube negra anunciaba el fin de una metrópolis, que fue la envidia del Viejo Mundo, el emporio financiero de Europa, y el símbolo de la barbarie, la devastación y el exterminio, que llegó con los conquistadores.

Nueva Cádiz fue azotada por la fuerza implacable de la naturaleza, y como único sobre viviente, la imagen de una Virgen que fue llevada por el mar hasta las playas de Porlamar.

La fuente añadió:

En el año de 1576 llegó a Margarita como delegado de la Audiencia de Santo Domingo, García Fernández de Torquemada, quien ordenó agrupar a los nativos Guaiqueríes en torno a tres centros espirituales donde serían adoctrinados en el catolicismo, siendo el Valle del Espíritu Santo uno de ellos, para lo cual se erigió una ermita para la Virgen, a partir de lo cual la tradición de los margariteños comenzó a registrar los milagros de la Virgen del Valle.

Según cuentan los habitantes más antiguos de El Valle que conocen de la historia, dicha población experimentó una sequía en el año 1608, que prácticamente acabó con todo. Pero aun así los pobladores se resistieron a abandonar la isla y "Como último recurso, el pueblo fervoroso elevó sus plegarias en procesión y decidieron sacar la imagen en procesión hasta La Asunción, llevando a la madre de Dios por los miserables caseríos inmersos en la sequía y la desesperación". Y se hizo el milagro de la lluvia y cuando ocurrió el milagro "El cielo se oscureció y un fuerte aguacero, como nunca, colmó los áridos campos que volvieron a la vida... A partir de entonces, la Virgen vela por la felicidad de los margariteños, y es la encargada de asegurar el agua de lluvia, desde ese día, no ha dejado de regar los campos".

El milagro de la perla, que puede apreciarse en el Museo Diocesano del Valle del Espíritu Santo, tuvo como protagonista a un humilde pescador de nombre Domingo, nativo de Punda, quien "como todas las mañanas, se sumergió en las profundidades del mar en busca de las codiciadas perlas que hicieron célebre la isla de Cubagua, y que motivaron la conquista en esta parte del continente por parte de los españoles".

El relato añade:

De pronto...cuando revisaba el manto de coral, fue embestido por la filosa púa de una furiosa manta raya que rondaba los criaderos de ostras... Como pudo, salió a la superficie y llegó sangrante a las orillas, donde fue atendido por los lugareños que, en vano, intentaron parar la infección que había gangrenado la pierna...

De nada sirvieron los remedios para sanar su herida... La pierna se le ulceró hasta la rodilla y sólo su amputación podía salvarle la vida, lo que también significaba la muerte para un hombre de la mar.

Ante un desenlace fatal, Juana, su mujer, invocó al milagro de la Virgen del Valle... y a los pocos días su pierna sanó sin más remedio que los rezos y oraciones de su creyente esposa.

Domingo con un agradecimiento infinito, le prometió a la Virgen la primera perla que obtuviera cuando nuevamente volviera al mar... Sintiéndose seguro por el aura protectora de la Virgen del Valle, volvió al mismo lugar para extraer la valva de una inmensa ostra que halló sujeta al manto de coral...

Al abrirla, su rostro mostraba el asombro de tan singular descubrimiento... ésta no era una perla común... era nada más y nada menos que una curiosa perla que asombrosamente delineaba la forma de su pierna y mostraba hasta el rastro de su cicatriz.

Se cita también el milagro del general Juan Bautista Arismendi, héroe de la Independencia, recibió un disparo en el pecho que lo hizo rodar cuesta abajo, para angustia de sus hombres que lo daban mortalmente herido...Pero "De pronto se oyó un grito de

esperanza: ¡Un Milagro...! gritaron los hombres que fueron a auxiliar al héroe margariteño", pues "Increíblemente la bala mortal no penetró en el
pecho, ya que fue detenida milagrosamente por una medalla de la Virgen del Valle que Arismendi siempre llevaba colgada a su pecho... y desde ese día, la imagen inmaculada de la Virgen fue bordada en los pendones patriotas que enarboló el aguerrido pueblo margariteño, para convertirse en la Patrona de Oriente y por ser la Patrona del Ejército Libertador Margariteño, cuya imagen inmaculada enarbolaba las banderas en cada batalla".

Fuentes

Programas de las festividades
Rueda de Prensa de monseñor César Ramón Ortega Herrera el 25-8-1992.

En El Poblado, Municipio Mariño, las festividades son organizadas por la Comunidad Indígena "Francisco Fajardo", presidida en 1992 por Jocho Patiño.
Su celebración se viene haciendo desde 1938 y la imagen es una réplica de la que existe en la iglesia de El Valle del Espíritu Santo.
La tradición guaiquerí revela que probablemente, desde el año 1774, cuando Fray

Iñigo de Abad y Lasierra hizo la visita pastoral a Margarita, persuadió e hizo creer a los guaiqueríes que la Virgen del Valle había sido propiedad de sus antepasados.

Se realiza la festividad de la Virgen del Valle Guaiquerí el 9 de septiembre y la programación es de índole religiosa y cultural.

Éste fue el programa del año 1990:

31/08. Inicio de la Novena. Fuegos artificiales. Izamiento de la insignia de la sociedad y juramentación de los nuevos socios. Actuación del conjunto musical de la Policía del Estado Nueva Esparta

1/9. Fuegos artificiales. Recibimiento a los conductores de la Línea "Mariño". Juego de softbol, trofeo "Día de los Guaiqueríes". Repique de campanas.

2/9. Fuegos artificiales. Misa. Clásico Ciclístico. Juego de softbol, trofeo "Bajada de la Santa Imagen de la Virgen del Valle. Repique de campanas. Actuación de un grupo musical.

3/9. Fuegos artificiales. Programa radial "Tradición Margariteña".

4/9. Fuegos artificiales. Intervención del conjunto musical "Gente Joven".

5/9. Fuegos artificiales. Actuación de los conjuntos musicales "El Tumbalele" y "Arestinga".

6/9. Fuegos Artificiales. Intervención del grupo artístico "Merchant" y un grupo folklórico de Coche.

7/9. Fuegos artificiales. Retransmisión radial desde El Valle del Espíritu Santo del Rosario. Fin de la Novena.

8/9. Fuegos artificiales. Traslado a El Valle del Espíritu Santo de una comisión de niñas para hacer la ofrenda de la misa central frente al Santuario. Programación de la Asociación de Vecinos, institución inexistente en 2019. Fin del Cuadrangular de Softbol "Día de los Guaiqueríes". Paseo de música. Rosario y Salve. Tradicional Quema de Palma.

9/9. Paseo de música por las calles de la localidad, la Cruz Grande, Palguarime, El Progreso, El Saco, El Vigía, Terranova, Miramar y El Olivo. Peregrinación al Santuario de Nuestra Señora del Valle. Programa artístico-cultural y homenaje a Liano Salazar por las asociaciones de vecinos. Despedida pirotécnica. Actos culturales en las diversas plazas del sector. Bautismo en la Comunidad Indígena. Procesión.

Fuentes

"La Tradición Guaiquerí: La Virgen del Valle". Proceso, 21 al 27-9-1992.

Programa de 1990.

El 26 de agosto de 2015, Diario Caribazo, reseñó:

Celebran festividades en honor a la Virgen del Valle en Tubores

El señor José Quevedo es un líder comunitario de Guayacán Norte, que se ha dedicado desde hace 5 años a planificar actividades festivas, culturales y religiosas en honor a Nuestra Señora del Valle.

Este año, Quevedo organizó un cronograma de actividades con la colaboración de varias fundaciones, comercios y personas habitantes de la zona como Fundación Social Unidos por mi Comunidad, Margarita Café, Tienda La Crineja, Ana Briceño, Felipe Pérez, Osvelida Gil, Exdilio Gil y Saida Díaz.

Este líder expresó que en estos eventos participan alrededor de 150 personas y estima que este año esa cifra ascienda a 200, debido a que siempre se suma gente con mucho entusiasmo y fe.

El objetivo de celebrar el cumpleaños de La Patrona Oriental, según la opinión de Quevedo, radica en recuperar los valores religiosos de los neoespartanos y así crear un ambiente de unión y paz. De igual manera hizo extensiva la invitación a las personas de sectores aledaños para que asistan a dichas actividades.

Cronograma de Actividades:

Martes 01/08/2015 – 5:00 p.m.

Santo Rosario, Av. Juan Bautista Arismendi, "Capilla de la Virgen del Valle"
Miércoles 02/09/2015 – 5:00 p.m.
Santo Rosario, Av. Juan Bautista Arismendi, Casa de la Sra. Flor
Jueves 03/09/2015 – 5:00 p.m.
Santo Rosario, calle vía a la Guardia, Casa de la Sra. Anaís.
Viernes 04/09/2015 – 5:00 p.m.
Santo Rosario, calle interna "A", Casa de la Sra. Albertina
Sábado 05/09/2015 – 5:00 p.m.
Santo Rosario, calle principal, Casa del Sr. Juvenal.
Domingo 06/09/2015 – 5:00 p.m.
Santo Rosario, calle Los Manolos, Casa de la Sra. Matilde
Lunes 07/09/2015 - 4:30 p.m.
Santo Rosario, actos culturales y fuegos artificiales, Av. Juan Bautista Arismendi, Calle Los Manolos.
Martes 08/09/2015 – 4:30 p.m.
Procesión, Santo Rosario y Cumpleaños. Salida de entrada de Guayacán Norte.

San Antonio de Padua

Varias localidades de la isla de Margarita tienen como su patrono a San Antonio de Padua. Son ellas: Altagracia, Municipio Gómez; El Tuey, Municipio Díaz; El Mangillo, Municipio Península de Macanao; El Palito, Municipio Marcano; San Antonio, Municipio García, y Agua de Vaca, Municipio Maneiro.

1. Altagracia

El campo cultural residencial donde se celebran las fiestas es la calle San Antonio.

En 1992, cuando visitamos el sector, las fiestas eran organizadas por Agustina de Ordaz y antes de ella tal actividad era cumplida por el Club de Amigos de Altagracia.

La actividad religiosa se llevaba a efecto en una capillita que fue sustituida por iglesia de pocas dimensiones.

La imagen se guardó en la casa de Concepción Tovar hasta la construcción de la pequeña edificación religiosa.

La programación consta de ingredientes litúrgicos y culturales.

La parte litúrgica se extiende del 4 al 19 de junio y la cultural del 4 al 13 de junio, Día de San Antonio de Padua.

En 2010 el programa religioso fue el siguiente.

Desde el 4 hasta el 11 de junio. Novena por feligreses de diversos sectores cada día y Santa Misa.

12 de junio. Víspera de las festividades. Bautizos, rezo del Santo Rosario y canto solemne de la Salve.

13 de junio. Solemnidad de San Antonio de Padua. Paseo musical. Celebración eucarística. Bendición de los panes y procesión a partir de las seis de la tarde.

19 de junio. Celebración de las fiestas de San Antonio de Padua por los niños.

La programación cultural tuvo los siguientes ingredientes:

4 de junio. Noche Sanantoñera.
5 de junio. Canto a San Antonio.

6 de junio. Caminata familiar, Clásico Ciclístico y presentación de grupos de música tradicional.

7 de junio. Actuación de la Banda Municipal Ascensión Gutiérrez.

8 de junio. Noche dancística.

9 de junio. Representación de la vida de San Antonio de Padua.

10 de junio. Recordar es vivir "Rostros de mi Pueblo".

11 de junio. Velorio de Cruz.

12 de junio. Juegos tradicionales.

13 de junio. Presentación de grupos musicales.

2. Agua de Vaca

En esta localidad del Municipio Maneiro las festividades son organizadas por una Junta Directiva presidida en 1992 por José Rodolfo López.

El programa ese año comprendió:

30 de mayo. Bajada de la imagen del santo patrono de su nicho. Inicio de los Juegos Deportivos.

4 al 12 de junio. Rezo del Santo Rosario y Novena. Confesiones y predicación.

13 de junio. Confesiones, Misa Solemne, primeras comuniones, bautismos y procesión.

14 de junio. Entrega de trofeos.

3. San Antonio

En esta población del Municipio García la organización de las festividades corría a cargo en 1992 de la Asociación de Vecinos, institución eliminada durante la gestión del dictador Hugo Chávez Frías y sustituida por la figura del Consejo Comunal. Ese año la referida asociación era presidida por Silvio R. Valdivieso.

En la parte religiosa colabora la Hermandad de San Antonio

La capilla inicial fue construida cuando monseñor Crisanto Mata Cova era padre de la iglesia de El Valle del Espíritu Santo.

Respeto a la imagen, hubo en principio una pequeña, regalo de Diego Rojas a la feligresía. Más tarde, Rafael Ávila Guerra donó una más grande.

El primer domingo de junio es bajada de su nicho la sagrada imagen y la suben el primer domingo de julio. En la mañana de ese día consagrado a San Antonio de Padua tiene lugar el Amanecer Sanantoñero consistente en un recorrido musical por todas las calles de la localidad

Los actos litúrgicos comprenden la Santa Misa y otros eventos. El 13 de junio se lleva a cabo la procesión.

El programa deportivo y cultura consta de competencias de bolas criollas masculinas y femeninas y de otras categorías, maratones, juegos tradicionales, actuación de agrupaciones musicales. Eventos dancísticos

4. El Tuey

En este sector de San Juan Bautista, capital del Municipio Díaz las festividades son realizadas por una Junta Directiva, presidida en la fecha de la investigación, desde 1986, por Carmen de López.

El 14 de mayo del citado año fue inaugurada la capilla construida por CORPORIENTE durante la presidencia de Ovidio Valerio en un terreno donado por Antonia Florencia de Díaz, propietaria de la imagen del patrono.

En ese sitio existía una capillita donde el sacerdote oficiaba la misa y los fieles la oían afuera.

El 13 de junio, Día de San Antonio de Padua, tienen lugar los siguientes eventos: Misa Solemne, repartición de los panes, procesión, actos folklóricos y competencias deportivas.

Las festividades se inician la víspera.

5. El Manglillo

La devoción fue impuesta en esta localidad del Municipio Península de Macanao por Providencio Marín en fecha que la memoria colectiva no recuerda. Durante muchos años no hubo celebración, retomándose en 1987 por una directiva presidida por Omar Vásquez.

Como en eventos similares, las fiestas constan de un parte religioso y otra no religiosa.

El contenido religioso en 1992 fue el siguiente:

11-6. Misa por la Escuela Básica "Concepción Rojas G.".

12-6. Víspera solemne.

13-6. Bautizos, Santa Misa, bendición de los panes y procesión.

El ingrediente no religioso constó de repique de campanas, celebración de eventos deportivos de diversas disciplinas, juegos tradicionales, bailes populares y actos culturales.

La sagrada imagen fue donada a la población por Felipito Romero e inicialmente estuvo en una capillita, muy incómoda, hasta que por intermedio de esa misma persona se logró que el gobernador de la época, Virgilio Ávila Vivas, entre los años1974 y 1975, hiciera construir la iglesia.

6. El Palito

En 1967 el hermano Edmundo Marcano Lugo, 3er carmelita, erigió la capilla de ese sector del Municipio Marcano e introdujo la devoción.

En junio de 1991 fueron celebradas las Bodas de Plata de dicho acto.

Para la fecha de la investigación (1992) el introductor de la devoción y la feligresía se en encargaban de las fiestas.

La programación se inicia la víspera con la celebración de la Salve y concluye el 13 de junio, Día de San Antonio de Padua.

Esa fecha se oficia una Misa Solemne y se lleva a cabo la procesión.

La parte no religiosa consta de actividades deportivas y bailes populares.

Fuentes

Informantes claves Nery Vásquez, Omar Vásquez, Carmen de López, Francisca Lugo y Mérida Rodríguez.

Programas de Festividades 1992

Nuestra Señora de Guadalupe

El 11 de diciembre de 1975, en la Escuela "Antonio José de Sucre", el entonces obispo de la Diócesis de Margarita, monseñor Tulio Manuel Chirivella Varela, bendijo la imagen de Nuestra Señora de Guadalupe, patrona de Robledal, Municipio Península de Macanao.

La venerada imagen había sido recibida en el puerto de El Guamache, Municipio Tubores, por el entonces presidente de la Junta Pro-Mejoras y Fomento Cultural, Guillermo Hernández Villarroel, el 22 de noviembre del mismo año y depositada provisionalmente en la iglesia de Boca del Río, de donde partió en Caravana hasta Robledal.

El 12 de diciembre se efectuaron las primeras festividades.

Tanto en la adquisición de la sagrada imagen, como en la construcción de la iglesia, que comenzó el 26 de mayo de 1975 y fue inaugurada el 11 de diciembre de 1977, tuvo que ver la citada Junta, constituida el 20 de diciembre de 1974 y de la cual nuestro informante clave, José Velásquez era el tesorero.

Él nos informó en 1992, siendo miembro de la Comisión Pastoral Parroquial, que el 28 de diciembre de 1974 un grupo de personas se puso de acuerdo en la escogencia de Nuestra Señora de Guadalupe como patrona local, a raíz de unas festividades de Boca del Pozo en la que sus organizadores incumplieron la promesa de traer la procesión de San Rafael Arcángel hasta Robledal, cuya imagen había estado guardada durante mucho tiempo en esta población, donde se le veneraba y era considerada como propia.

Luego de la reunión - añadió el informante- hablaron con el sacerdote, quien se encargó de hacer los trámites para su adquisición, que no pudo ser en México, porque allí hacían solamente retablos de Nuestra Señora de Guadalupe, la Esperanza de América, y no imágenes de yeso. Fue adquirida finalmente en España. La primera festividad se efectuó en la Escuela "Antonio José de Sucre".

En 1992 la Junta encargada de las festividades estaba presidida por Renato Marcano.

La programación general comprendió el rezo de la Novena del 3 al 11 de diciembre, cuando también hubo Santo Rosario, predicación y Salve.

El 12, Día de Nuestra Señora de Guadalupe se llevó a efecto la Misa Pontificial, bautismos, primeras comuniones y la procesión.

La parte religiosa fue complementada con juegos tradicionales, fuegos artificiales, bailes populares y campeonatos de softbol y atletismo en general.

Nuestra Señora de Guadalupe es considerada Reina de México y Emperatriz de América. Además de ser venerada por la iglesia católica, de donde se originó, lo es también por las iglesias ortodoxa, comunión anglicana, copta y católica maronita.

De esta advocación de la Virgen María se lee en Wikipedia, la enciclopedia libre:

Nuestra Señora de Guadalupe es una aparición mariana de la Iglesia católica de origen mexicano, cuya imagen tiene su principal centro de culto en la Basílica de Guadalupe, ubicada en las faldas del cerro del Tepeyac, en el norte de la Ciudad de México.

De acuerdo con la tradición oral mexicana,2y lo descrito por documentos históricos del Vaticano y otros encontrados alrededor del mundo en distintos archivos, se cree que la Virgen María, se apareció en cuatro ocasiones al indio san Juan Diego Cuauhtlatoatzin en el cerro del Tepeyac, y una quinta ocasión a Juan Bernardino, tío de Juan Diego. El relato guadalupano conocido como Nican Mopohua narra que, tras la primera aparición, la Virgen ordenó a Juan Diego que se presentara ante el primer obispo de México, Juan de Zumárraga. Juan Diego en la última aparición de la Virgen, y por orden de esta, llevó en su ayate unas flores que cortó en el Tepeyac. Juan Diego desplegó su ayate ante el obispo Juan de Zumárraga, dejando al descubierto la imagen de la Virgen María, morena y con rasgos mestizos.

También la urbanización La Blanquilla, Municipio Tubores, tiene como patrona a Nuestra Señora de Guadalupe y las fiestas se celebran desde el 4 hasta el 12 de diciembre, su día.

En 2005 rigió la siguiente programación:

Del 4 al 11 la sagrada imagen tuvo presencia en las diversas calles de la localidad. El 9, elección de la reina, y el 12, celebración de actos culturales y solemne procesión desde la calle El Águila hasta la cancha, donde se efectuó la Eucaristía.

Fuentes

Informante Clave José Velásquez.
Wikipedia, la enciclopedia libre.
"Tomas culturales realizará Alcaldía de Tubores en Las Giles y La Blanquilla". Diario La Hora, 2-12-05.

Nuestra Señora de Altagracia

El campo cultural residencial donde se lleva a efecto esta festividad es la población de Altagracia, Municipio Gómez.

El ciclo festivo se extiende desde los últimos días de diciembre hasta el 6 de enero Día de la patrona.

La parte religiosa de las festividades corre a cargo de una Comisión de Liturgia y consta de rezo de la Novena, Santa Misa, Misa por los niños, santificación de hogares, Misa por los ancianos, bautismos y procesión.

El programa deportivo y cultural de 1992 tuvo el siguiente desarrollo:

21/12/91. Festival de Galerón con la participación de las escuelas de galerón infantil.

28/12/91. Caravana de vehículos por toda la población.

19/12/91. Primera presentación del Festival de Diversiones Margariteñas.

30/12/91. Competencia de voleibol y baloncesto.

03/01/92. Baile popular.

05/01/92. Intercambio de softball, juegos folklóricos y "Canto a Altagracia".

05/01/92. Maratón pedestre, intercambio de softball, transmisión del programa radial "Soy Margariteño". Segunda presentación de diversiones margariteñas y baile popular.

06/01/92. Programa radial "Altagracia, Historia y Tradición" por Antillana 92.9 FM; juegos folklóricos y baile popular.

Fuentes

Informante clave Mérida Rodríguez.
Programas 1992 y 1990.

San Cayetano

El patrono de Las Marvales, Municipio Tubores, fue entronizado el 19 de diciembre de 1866.

La venerada imagen tuvo como donante a María de Lourdes de García y las primeras festividades en su honor se celebraron entre el 5 y el 7 de agosto, Día de San Cayetano. Fueron organizadas por una directiva que presidía Ciria de Cedeño, todavía vigente en 1992.

Hasta la inauguración de la iglesia por el gobernador de la época Morel Rodríguez Ávila, el 6 de agosto de 1992, los actos religiosos se llevaban a efecto en los espacios de una cancha deportiva.

Las festividades, en su contenido religioso, comienzan el 29 de julio con la Novena que culmina el 6 de agosto, cuando además es oficiada la Santa Misa y es rezado el Santo Rosario.

El 7, Día de San Cayetano, se efectúan primeras comuniones, se celebra la Santa Misa y se lleva a cabo la procesión.

El contenido no religioso de las fiestas comprende fuegos artificiales, bailes populares y la actuación de agrupaciones culturales locales y regionales.

De él se lee en Wikipedia, la enciclopedia libre:

San Cayetano (Vicenza, 1 de octubre de 1480 - Nápoles, 7 de agosto de 1547) fue un presbítero italiano, fundador de la Orden de Clérigos Regulares Teatinos. En 1671 fue proclamado santo por el papa Clemente X. Se le conoce como Santo de la Providencia, Patrono del pan y del trabajo.

Fuentes

Informante Clave Ciria de Cedeño.
Wikipedia, la enciclopedia libre.

Nuestra Señora de Las Mercedes

En 1994 el entonces alcalde del Municipio Tubores, Johnny Figueroa, con la aprobación del obispo de la Diócesis de Margarita, monseñor César Ramón Ortega Herrera, dispuso la conversión de Nuestra Señora de Las Mercedes en patrona del referido municipio y no solamente de su capital, Punta de Piedras.

La devoción fue introducida por Juana Gregoria de Campos en 1989, cuando Juan de Dios Matos, comprador de perlas, de nacionalidad española, le trajo un cuadro de la virgen desde España con el cual se realizó la festividad hasta que llegó la imagen de busto que la misma devota adquirió y llegó al puerto de Punta de Piedras el 19 de septiembre de 1900 en la balandra "La Enriqueta".

La misma devota le compró un traje a la imagen, le mandó a hacer su nicho y le regaló una sortijita con perla auténtica de mucho valor.

Hasta su muerte, inclusive encontrándose paralítica, fue la encargada de la organización de las festividades.

La iglesia local fue bendecida en febrero de 1887 por el doctor Manuel Felipe Rodríguez, obispo de Guayana.

Hay dos imágenes, la original, que sale generalmente en la procesión del Día de Nuestra Señora de Las Mercedes, el 24 de septiembre, y una pequeña que sale en la procesión de la Octava.

La venerada patrona estuvo siendo vestida durante muchos años por Mamá Morocha y en la fecha que hicimos la investigación, 1992, tal tarea era realizada por Gladys de Figueroa.

Los trajes los confeccionaba Cosmelina de Salazar y los arreglos y ornamentos religiosos corrían a cargo de Damela de Rodríguez.

Hasta 1987 la procesión era llevada en los hombros de cargadores promeseros; pero a partir del siguiente año se comenzó a empujar pues la imagen fue colocada en un mesón dotado de ruedas.

Anteriormente las festividades eran organizadas por los Mayordomos de la Virgen de Las Mercedes, pero en la actualidad tal tarea es realizada por una Junta Directiva presidida en 1992 por Cayetana de Salazar.

Desde 1990 se realizan las Ferias del Mar, con abundancia de actividades culturales y deportivas, bajo la responsabilidad de la Alcaldía.

En la parte religiosa las festividades se inician el 15 de septiembre y culminan el 2 de octubre.

Éste fue el programa desarrollado en 1994:

15/09. Celebración de la Eucaristía por los presidentes fallecidos. Comienzo de la Novena. Rezo del Santo Rosario por feligreses de la calle Colón. Charlas prebautismales.

16/09. Eucaristía. Rezo del Santo Rosario por los feligreses de las calles Bolívar y Jesús Santiago Gómez.

17/09. Eucaristía en Acción de Gracias por los miembros de la línea Las Mercedes. Repique de campanas. Bautismos. Rezo del Santo Rosario por los feligreses de la calle Miranda.

18/09. Peregrinación de los pueblos de la parroquia. Eucaristía por los miembros de la línea Tubores. Rezo del Santo Rosario por la feligresía de Punta La Garza y Pueblo Nuevo.

19/09. Repique de campanas. Eucaristía. Rezo del Santo Rosario por los feligreses de las calles Sucre y Matasiete.

20/09. Repique de campanas. Eucaristía en Acción de Gracias por las familias del sector Los Barrios y Las Mercedes. Santo Rosario.

21/09. Repique de campanas. Eucaristía. Rezo del Santo Rosario por la feligresía de los sectores Nueva Cádiz y Monte Oscuro.

22/09. Repique de Campanas. Eucaristía en Acción de Gracias por los catequistas de la parroquia. Santo Rosario. Charlas prebautismales.

23/09. Repique de campanas. Eucaristía. Culminación de la Novena con el rezo del Santo Rosario por los integrantes de la Junta Directiva. Sermón, salve y letanía.

24/09. Solemnidad de Nuestra Señora de Las Mercedes. Repique de campanas. Celebración de la Eucaristía presidida por monseñor César Ramón Ortega Herrera. Bautismo. Procesión a partir de las 7:00 pm.

25/09. Eucaristía en Acción de Gracias por los niños de la comunidad. Santo Rosario por vocaciones religiosas y sacerdotales.

26/09. Eucaristía. Rezo del Santo Rosario por todos los sacerdotes de la Diócesis de Margarita.

27/09. Eucaristía. Rezo del Santo Rosario por las familias cristianas de la comunidad.

28/09. Eucaristía y rezo del Santo Rosario por los jóvenes de la parroquia.

29/09. Eucaristía y rezo del Santo Rosario por las intenciones y la salud del Papa Juan Pablo II.

30/09. Eucaristía y rezo del Santo Rosario por los trabajadores y pescadores de la parroquia.

01/10. Celebración de la Eucaristía pidiendo a la virgen por todos los presos. Repique de campanas y fuegos artificiales. Rezo del Santo Rosario, salve y letanías.

02/10. Repique de campanas. Eucaristía en Acción de Gracias por la Junta Directiva de las fiestas. Procesión a las 6:30 pm.

Fuentes

Informante Clave Nicolasita Figueroa. Programa de 1994.

Santa Rita de Casia

El campo cultural residencial de esta festividad es el caserío Guayacán del Municipio Gómez. No tiene fecha fija de celebración. Algunas veces sus organizadores la han realizado el 22 de mayo, que es el Día de Santa Rita de Casia. En 2002, debido a que hubo muchos muertos en la localidad, se cumplió solamente la parte religiosa de la procesión.

Según la informante clave Zuleima González, la sagrada imagen llegó a dicho caserío de El Valle de Pedrogonzález en 1981.

-La trajo –explicó- una señora llamada Trina Miguelina y su destino iba a ser Pampatar. Estuvo un tiempo con el señor Prajedes Indriago, fundador del pueblo.

La informante añadió que en 2001 las fiestas "a la Santa de lo Imposible y abogada de los casos desesperados" se celebraron en julio por razones económicas ya que éstas se hacen generalmente cuando hay una calada y los pescadores asignan una parte de las ganancias a la patrona.

Con las festividades se hacía un Canto de Galerón en la cruz local. El último fue en 1997.

Los festejos son organizados por una Junta Directiva que elige la comunidad durante una a asamblea que se efectúa en la escuela y sus integrantes generalmente son los mismos.

Comprende eventos religiosos y no religiosos: Rezo del Santo Rosario, misa, procesión, fuegos artificiales, bailes y actos culturales.

Las fiestas son celebradas el tercer domingo de mayo o en los primeros días de julio, según lo acuerde la feligresía.

Fuentes

Informante Clave Zuleima González.
Programas
Sol de Margarita, 22 de mayo de 1994.

Nuestra Señora de la Medalla Milagrosa

Las festividades de la patrona de Guayacancito, Municipio Península de Macanao, se efectúan del 24 al 20 de noviembre y son organizadas por una Junta Directiva que en 1992 era presidida por Valentín Millán.

Ese año se realizó el siguiente programa:

24/11. Triduo a la patrona. Rezo del Santo Rosario y encuentro de los niños.

25/11 Triduo. Rezo del Santo Rosario. Encuentro con los jóvenes. Actividades culturales.

26/11. Triduo. Rezo del Santo Rosario, predicación y salve. Fuegos artificiales y bailes populares.

27/11. Día de Nuestra Señora de la Medalla Milagrosa. Bautizos. Santa Misa. Procesión. Repique de campanas. Fuegos artificiales. Paseo de música. Actividades deportivas y bailes populares.

28/11. Triangular de softball masculino y encuentro de baloncesto. Bailes populares.

29/11. Maratón infantil, beisbol infantil y competencia deportiva. Bailes populares.

La imagen de la patrona fue donada por los esposos Melchor Díaz y Stela Gutemberg de Díaz y llegó a la localidad el 1 de enero de 1967.

El 9 de noviembre de 1966 fue bendecida la primera capilla, derrumbada posteriormente para construir otra de mayor capacidad, que bendijo el cardenal José Alí Lebrún el 9 de septiembre de 1987, durante la gestión del gobernador Morel Rodríguez Ávila.

Tiene origen francés esta advocación de la Virgen María.

El 30 de julio de 1830, en la calle del Bac, número 140, en pleno centro de París, donde funciona la casa madre de la Compañía de las Religiosas Hijas de la Caridad, que fundaran San Vicente de Paúl y Santa Luisa de Marillach, la madre de Jesucristo se le apareció por primera vez a sor Catalina Labouré, posteriormente convertida en santa, y le ordenó que fundara la Asociación de las Hijas de María, para celebrar el mes de mayo a ella dedicado, con gran solemnidad.

El 27 de noviembre del mismo año se produjo la segunda y última aparición. En esa oportunidad advirtió que sus dedos se llenaban de anillos y piedras preciosas, y los rayos de luz que de ellos salían se difundían por todas partes.

La virgen le dijo. "Estos rayos de luz son el símbolo de las gracias que la Santísima Virgen conceden a todos los que se las piden"

Sor Catalina añadió: "Se formó un cuadro un poco ovalado alrededor de la Santísima Virgen con una inscripción con letras de oro que decía:

"¡Oh, María sin pecado concebida, ¡rogad por nosotros que recurrimos a vos!".

La virgen le ordenó: "Haz acuñar una medalla igual a este modelo. Todas las personas que la lleven con confianza, colgada al cuello, recibirán grandes gracias".

En el reverso de la medalla debía colocarse la letra M y encima una cruz, añadiendo en la parte inferior dos corazones: uno coronado de espinas y otro traspasado por una espada. Símbolo de los corazones de Jesús y de María.

Fuentes

Informantes claves Valentín Millán y Valentina de Millán.
http://webcatolicodejavier.org

Santa Teresa de Jesús

Toribia Salazar de Salazar impuso en Las Hernández, comunidad del Municipio Tubores, la devoción a Santa Teresa de Jesús, al donar la imagen adquirida en Caracas, la cual llegó al pueblo el 26 de junio de 1976.

Tal donación se correspondió con un deseo de la madre de la donante, quien antes de morir le dijo que cuando a Las Hernández un santo quería que se llamara Santa Teresa. Ella había nacido un 15 de octubre y tenía como nombre Teresa.

La iglesia prefabricada, adquirida en los Estados Unidos de Norteamérica, concretamente de Los Ángeles, es obra del entonces gobernador Pedro Luis Briceño y data del año 1984,

El 8 de agosto de 2008 Morel Rodríguez Ávila, exgobernador de Nueva Esparta, inauguró la nueva iglesia.

El programa religioso cumplido en 1992 fue el siguiente:

Del 5 al 13 de octubre. Santa Misa. Santo Rosario y canto de la Salve. Novenario. Confesiones.

14 de octubre. Santa Misa, Confesiones, Santo Rosario y canto de la Salve.

15 de octubre. Día de Santa Teresa de Jesús. Solemne Eucaristía celebrada por el entonces obispo de la Diócesis de Margarita, monseñor César Ramón Ortega Herrera. Procesión.

17 de octubre. Celebración del Sacramento del Bautismo

El Gran Poder de Dios

Una Novena, que tiene como fecha de impresión el año 1820, propiedad de un señor de Punta de Piedras llamado Samín, impuso en El Cercado, Municipio Gómez, la devoción del Gran Poder de Dios.

Esa persona cuando llegaba al pueblo con su estampita, patrimonio espiritual que se conserva en un nicho de la iglesia, "hacía la noche en la casa de Celestino Vargas" y siempre decía que al ocurrir su muerte quería que la imagen del Gran Poder de Dios se convirtiera en el patrón de El Cercado.

En dicha casa le hacían su misa y la llevaban a Santa Ana del Norte. Posteriormente el pueblo se reunió y decidió construirle una pequeña capilla donde rendirle veneración y celebrarle sus festividades

En 1958 la localidad fue visitada por el entonces gobernador de Nueva Esparta, Luis Villalba Villalba, quien al conocer la capilla consideró que era muy pequeña, comprometiéndose a hacer construir un recinto religioso de mayores dimensiones, que fue construido ese mismo año en un terreno adquirido por la Gobernación.

El 21 de agosto de 1992 el gobernador Morel Rodríguez Ávila inauguró la ampliación de la iglesia.

La Hermandad del Gran Poder de Dios hace aportes anuales para costear parcialmente los gastos de las festividades. Era presidida en 1992 por Delis Domínguez.

El 20 de diciembre de 1920 la Novena fue copiada en un libro que conserva Elsa Alfonzo de Rivero, tesorera de la Junta Directiva, por José Manuel Quijada.

En 1989 la familia Lunar, de Juangriego, donó la imagen de bulto que desde entonces se saca en procesión en lugar de la estampa.

Es una fiesta movible que se corresponde con el Día de la Santísima Trinidad, el cual recayó en 1991 el 10 de junio, y en 1992 el 14 del mismo mes. También ha recaído en mayo. Se celebra el domingo siguiente a Pentecostés, que es siempre 50 días después de Pascua.

El programa consiste en repique de campanas, paseo musical, fuegos artificiales, Santa Misa, confesiones, charlas prebautismales, salve, sermón bautismos y procesión a las cuatro de la tarde.

Las fiestas se inician ocho días antes de la fecha central con el inicio de la Novena.

Fuentes

Informante Clave Elsa Alfonzo de Rivero. Programa.

San Francisco de Asís

Una afortunada circunstancia del destino convirtió a San Francisco de Asís en patrono de Boca del Río, capital del Municipio Península de Macanao.

La imagen data de los años 20.

En esa imprecisa fecha su donante, Florencia Vásquez Rojas, confundió a Boca del Río con San Francisco, localidad de ese municipio, que para entonces carecía de capilla y era un pueblo muy pequeño. La imagen fue dejada en la casa de La Loma, residencia de Joselito Penoth, a donde llegaban los sacerdotes y hacían los oficios religiosos.

Esta donación fue por un ofrecimiento a Bartolomé Ferrer.

En 1952 fue construida la iglesia y ese mismo año tuvo lugar la primera festividad patronal llevada a cabo por una Junta Directiva presidida por Modesta Marcano y posteriormente por Rosa Eliana de Marín.

Desde 1991 un comité se encarga de organizar las fiestas.

El programa que rigió en 1992 fue el siguiente:

25/09 al 02/10. Novena y acciones de evangelización.

27/09. Despertar Peninsular y gran baile.

28/09. Competencias deportivas.

29/09. Concursos, sorpresas y juegos tradicionales, juego de letras, baile de la manzana y competencias con globos.

30/09. Triangular de basquetbol y Noche Peninsular.

01/10. Competencias deportivas y Noche Cultural.

02/10. Concursos infantiles. Final del triangular de basquetbol y acto cultural

03/10. Bendición de los niños y sus mascotas. Cántico de las creaturas. Solemne víspera. Predicación por un sacerdote invitado. Competencias deportivas (cayucos a remo, cayucos de tambor, triatlón masculino libre, natación de perros, peñeros rústicos, natación libre masculino, baile de los viejos). Fuegos artificiales. Baile de la barca en la cancha central.

04/10. Día de San Francisco de Asís. Amanecer Peninsular. Competencias ciclísticas, caminata libre, carreras de sacos, gatos, ratones y yinkana. Competencia de espaguetis y palo encebado. Santa Misa oficiada por el obispo César Ramón Ortega Herrera. Bautismos. Bailes populares. Procesión.

Fuentes

Informantes claves Moisés Gómez y Miguelina de Marcano.
Programa de 1992.

San Francisco Javier

Sus fiestas, esencialmente religiosas y culturales, se celebran en la localidad de Palguarime, Municipio Mariño, del 24 de noviembre al 8 de diciembre.

En 1991 rigió el siguiente programa:

Del 24 al 30 de noviembre hubo la celebración de la Santa Misa, rezo del Santo Rosario y preces de la Novena.

01/12. Rezo del Santo Rosario, Santa Misa y preces de la Novena.

02/12. Santa Misa, Santo Rosario y Sermón.

03/12. Día de San Francisco Javier. Misa Solemne presidida por el obispo de la Diócesis de Margarita monseñor César Ramón Ortega Herrera. Procesión.

08/12. Misa de clausura de las festividades.

Es tradicional en la comunidad la celebración, del 4 al 12 de marzo, de la Novena de la Gracia en honor al santo patrono, cuya imagen fue donada por Francisco Suárez González en diciembre de 1964.

Ese evento se fundamenta en una revelación particular de San Francisco Javier en la cual promete conceder la gracia que se pide por intercesión, si conviene a la gracia de Dios y propia salvación.

El rezo del Santo Rosario, misa y ejercicio de la Novena se realizan también en la capilla de Conejeros.

Además de las actividades religiosas hay un programa cultural que se desarrolla frente al templo.

En vida de Francisco Suárez González se llevaba a cabo la Popular Javeriana de Los Marinos de Punda, una concentración de dirigentes, atletas y amigos de dicha organización, frente a su casa en la calle Zamora de Porlamar, para salir caminando hacia Palguarime, pasando por el Santuario de Nuestra Señora del Valle.

La iglesia, sede de la Parroquia San Francisco Javier, creada el 5 de febrero de 1972, fue construida en 1962, y el primer párroco fue el sacerdote Avelino Peña Pérez, quien se posesionó el día 12 de ese mes.

El 29 de diciembre de 1974 se hizo cargo de la parroquia el más tarde monseñor José Antonio Costenla Garrido, sustituido el 7 de diciembre de 1975 por el padre César Marcano.

El 6 de noviembre de 1977 asumió, como encargado, el padre Conrado Negre Figuera, hasta que lo sustituyó el sacerdote Carlos Alberto Romero el 14 de marzo de 1978.

El 17 de febrero de 1980 pasó a dirigir la parroquia el padre Mariano Da Piedade Costa Pereira.

Fuentes

Informante Clave Mariano Da Piedade Costa Pereira.

Programa de 1991.

San Juan Evangelista

Sus festividades se celebran en Juangriego, sede de la parroquia eclesiástica homónima, y capital del Municipio Marcano, entre el 26 de diciembre y el 3 de enero, en la parte religiosa, y del 6 de diciembre al 3 de enero en su contenido no religioso.

El programa litúrgico correspondiente a 1990-1991 se desglosó de la siguiente manera:

26/12. Paseo de música por los diferentes sectores de la localidad. Santo Rosario. Sermón. Salve. Fuegos artificiales en el muelle.

27/12. Día de San Juan Evangelista. Dianas y pasacalles. Santa Misa. Bautismos. Misa Solemne. Procesión por Guiriguire y Salve.

02/01. Octava. Paseo de música por Juangriego y otras poblaciones del municipio. Bautismos. Santo Rosario. Sermón. Salve. Fuegos artificiales en el muelle.

03/01. Dianas y pasacalles por todas las localidades del Municipio Marcano. Eucaristía Solemne presidida por monseñor César Ramón Ortega, obispo de la Diócesis de Margarita. Procesión por Guaimaro, Valparaíso y barrio Salazar. Regatas por la bahía.

Esa programación es responsabilidad de la parroquia.

La programación cultural y deportiva, organizada por la alcaldía fue la siguiente:

06/12. Retreta Arismendi.

07/12. Parranda Navideña. Navidad 90 FEDECENE.

08/12. Inauguración del Campeonato Regional Criollitos de Venezuela en el estadio Jesús Chuito Torrens.

09/12. Concierto del Orfeón Nueva Esparta, la Escuela de Música Luis Manuel Gutiérrez y Raúl Landaeta.

13/12. Retreta Arismendi.

15/12. Jornada recreativa para los niños en Las Cabreras, bajo la responsabilidad de FEDECENE.

16/12. La misma actividad anterior en Tari-Tari.

20/12. Retreta Arismendi.

22/12. Jornada recreativa para los niños organizada por FEDECENE en Guiriguire. Concierto del Grupo Ahora en el estadio Jesús Chuito Torrens.

23/12. II Encuentro de Parrandas Tradicionales FEDECENE en Pedregales.

27/12. Programa Especial.

28/12. Programa en Radio Nueva Esparta.

30/12. Festival de Diversiones, donde fueron presentadas "La Chicharra", de Loma de Guerra; "El Mapurite", de El Maco; "El Carpintero", de La Otrabanda; "La Chovenca", de La Asunción; "El Sombrero" y "La Alpargata", de El Espinal; "La Paraulata", de Santa Ana del Norte; "La Macagua", de San Sebastián, y "La Macaurel", de Juangriego.

La comunidad desconoce el origen y la fecha de incorporación de San Juan Evangelista al patrimonio espiritual local. Y en lo que respecta a la iglesia, según informa el poeta Francisco Lárez Granado en su libro Juangriego leyenda y realidad de una ciudad heroica, ésta en 1815 estaba reducida a lo que hoy es la sacristía de la existente.

Ese año los vecinos crearon una Sociedad de Beneficencia que se puso en acción y después fue sustituida por la Sociedad Filantrópica y Progresista que creó un centro para recolectar fondos con el objeto de continuar la iglesia, que aun así tuvo una paralización de varios años.

Añade Lárez Granado que "en 1846, el cura párroco, el franciscano Fray Nicolás de Igualada echó los cimientos de la nueva iglesia a sus costas, invirtiendo con ejemplar abnegación cuanto adquiría en el desempeño de su ministerio" y que "los trabajos los adelantó hasta 1853, cuando fue trasladado a El Pao, Estado Carabobo".

No señaló esta fuente la fecha de conclusión de la iglesia, pero debió haber sido después de 1876, fecha en que los trabajos de construcción no estaban del todo terminados.

Fuentes

Padre Avelino Peña Pérez.
Programa 1990-1991.

San Martín de Porres

Dos comunidades margariteñas tienen como patrono a San Martín de Porres, Chacachacare, Municipio Tubores, y el sector homónimo de La Asunción, Municipio Arismendi.

En Chacachacare la devoción fue incorporada por Francisco Suárez González, donante de la imagen, probablemente en 1976

Hasta la construcción del templo, también por iniciativa suya, dicha imagen permaneció en una humilde vivienda de barro.

La iglesia se inició durante la gestión del gobernador Pedro Luis Briceño y fue concluida por su sucesor Augusto Hernández en 1982.

La organización de las festividades, que se extienden desde el 14 de octubre hasta el 3 de noviembre, Día de San Martín de Porres, corre a cargo de una comisión.

En la parte religiosa, la Organización Social, Cultural y Deportiva "Marinos de Punda", de Porlamar, se encarga del Novenario. Esa institución colaboraba también en 1992 con la parte cultural y deportiva al igual que el extinto FONDENE, la Casa de la Cultura Rafael "Fucho" Suárez y el colegio homónimo de la misma ciudad.

Ese año se cumplió el siguiente programa

24 al 30 de octubre. Rezo del Santo Rosario, ejercicio de la Novena y Santa Misa.

31 de octubre. Rezo del Santo Rosario, ejercicio de la Novena y Santa Misa.

01 de noviembre. Rezo del Santo Rosario, ejercicio de la Novena. Actividades deportivas y culturales.

02 de noviembre. Confesiones. Último día del Novenario. Canto de la Salve y fuegos artificiales.

03 de noviembre. Día de San Martín de Porres. Santa Misa. Charla y celebración del sacramento del bautismo. Procesión.

En la urbanización San Martín de Porres el año 1992 las fiestas eran organizadas por la ya extinta Asociación de Vecinos.

En 1990 se desarrolló el siguiente programa:

03/11. Día del santo patrono. Misa en la catedral de La Asunción. Santo Rosario. Bajada de la imagen. Paseo de música. Décimas. Baile popular. Procesión.

04/11. Caravana. Danzas.
05/11. Actuación de un grupo de danzas.
07/11. Concierto de la Banda Mariño. Homenaje a los personajes especiales.
08/11. Noche de danzas y concierto de la Banda Oficial "Francisco Esteban Gómez".
09/11. Baile popular y entrega de placas.
10/11. Galerón y baile popular
11/11. Fiesta infantil y actuación de Moculta (Niños del Galerón). Baile popular. Rifas y fuegos artificiales. Procesión. Quema del Gallo y La Palma.

En 1970 Luis José Acosta hizo donación de la imagen adquirida en Panamá. Ese mismo año el entonces obispo de la Diócesis de Margarita, monseñor Guruceaga Iturriza bendijo la capilla convertida años después en iglesia.

La nueva iglesia fue inaugurada por el gobernador Morel Rodríguez Ávila el 20 de junio de 2006.

Fuentes

Informantes claves Francisco Suárez González, Jesús Oliveros y Luis Eduardo Acosta.
Programas de festividades de Chacachacare y urbanización San Martín de Porres.

San Simón Apóstol

Es de fecha reciente la imagen de San Simón Apóstol, patrono de Punta de Piedras, sede de la parroquia eclesiástica homónima.

Según nos explicó la informante clave Emelis Salazar, la imagen de bulto fue adquirida en Colombia por el sacerdote José Ubernel Vallejo Cárdenas e incorporada a la iglesia el 10 de octubre de 1986. A él le pareció incorrecto que siendo San Simón Apóstol el patrón local y cuyo nombre designa a la parroquia careciera de imagen para rendirle devoción en su Día, el 28 de octubre.

De la realización de sus festividades se encarga cada año la Cofradía de San Simón

Apóstol, creada en 1986, y presidida desde esa fecha hasta su fallecimiento en 1990 por Deyanira de Velásquez, y desde entonces una comisión que ese año la presidía la informante clave.

El programa, netamente religioso, que se desarrolló en 1992, fue el siguiente:

Del 19 al 25 de octubre. Santa Misa, ejercicio de la Novena y rezo del Santo Rosario. Confesiones y bautismos.

26 de octubre. Recibimiento del obispo de la Diócesis de Margarita, César Ramón Ortega Herrera en visita pastoral. Eucaristía. Ejercicio de la Novena y Santo Rosario.

27 de octubre. Repique de campanas y fuegos artificiales. Santa Misa. Confesiones. Novena, Rosario y Salve.

28 de octubre. Día de San Simón Apóstol. Santa Misa presidida por el obispo de la Diócesis, monseñor César Ramón Herrera Ortega. Confirmaciones. Procesión.

María Auxiliadora

La patrona de La Guardia, Municipio Díaz, sede de la parroquia eclesiástica homónima, fundada en 1972, fue incorporada al patrimonio cultural espiritual casi a mitad del siglo XX, cuando también seguramente se construyó la iglesia.

Estos imprecisos datos históricos nos fueron proporcionados por Francisco Suárez González, a los cuales añadió que la imagen fue adquirida por la feligresía.

Para la organización de las festividades hay una Junta Patronal que se encarga, esencialmente, de coordinar y ejecutar las actividades no religiosas (deportes, recreación infantil, cultura, etc.) integrada por el presidente, la secretaria, la tesorera la secretaria de Relaciones Públicas, la secretaria de Cultura y Deportes y la Cofradía de María Auxiliadora.

La programación religiosa de 1992 fue la siguiente:

15 de mayo. Santa Misa, Rosario y Novena.

22 de mayo. Bajada de la imagen. Rosario y Novena.

23 de mayo. Repique de campanas. Santa Misa, Novena, Santo Rosario y Salve

24 de mayo. Día de María Auxiliadora. Repique de campanas. Solemne Misa oficiada por el obispo de la Diócesis de Margarita César Ramón Ortega Herrera. Bautismos y procesión.

29 de mayo. Santa Misa.

30 de mayo. Repique de campanas. Bautismos, Santo Rosario y Salve.

31 de mayo. Octava. Repique de campanas. Misa Solemne. Procesión y subida de la imagen.

La programación no religiosa contempla bailes populares y eventos culturales y deportivos.

María Auxiliadora es también patrona de la población de El Amparo, Municipio Villalba desde 1992, cuando desplazó al Sagrado Corazón de Jesús, antiguo patrón.

La imagen fue donada por el entonces gobernador Morel Rodríguez Ávila, bajo cuyo mandato se construyó la iglesia en 1988.

El cambio patronal, según el informante clave Cruz Fermín, se realizó por iniciativa del sacerdote Ramiro Castaño, por cuanto la festividad se celebraba en junio, el mismo mes de San Pedro Apóstol, y debido también a la cercanía de la localidad a El Guamache, donde el Sagrado Corazón de Jesús es el patrón.

La directiva encargada de organizar las fiestas es escogida libremente entre la feligresía. El vicepresidente elegido pasa a presidir la junta el siguiente año.

Las festividades se realizan entre el 1° al 31 de mayo.

Durante todo el mes se reza el Santo Rosario y se celebra la Santa Misa.

Cabe observar que el santoral establece el 24 de mayo como Día de María Auxiliadora, pero en esta localidad la festividad se celebra el domingo anterior o después de esa fecha.

En 1993, por ejemplo, se celebró el domingo 23, rigiendo el siguiente programa:

Alegre despertar. Fuegos artificiales. Repique de campanas y paseo musical. Santa Misa Solemne en honor a los miembros fundadores y colaboradores fallecidos. Primera Comunión de un grupo de niños de la población. Bautismos. Procesión por El Amparo y la calle principal de Güinima. Bailes populares amenizado por un prestigioso conjunto musical.

En 1996, recayó el domingo 26; y en 2005 y 2009, el domingo 24, coincidiendo con la fecha del santoral.

Fuentes

Informantes claves Francisco Suárez González y Cruz Fermín.
Programas.

Santa Isabel de Hungría

Las festividades tienen como campo cultural residencial el sector Santa Isabel de La Asunción desde el 8 hasta el 17 de noviembre en su contenido litúrgico-religioso y del 6 al 19 del mismo mes en la parte cultural y deportiva.

El programa litúrgico-religioso de 2005 contempló el rezo del Santo Rosario desde el 8 hasta el 16 en la casa de una feligresa distinta cada día y el 17, fecha establecida por el santoral a Santa Isabel de Hungría, Misa Solemne, consagración del nuevo templo y procesión.

Ese año la programación cultural y deportiva tuvo los siguientes eventos:

06/11. Caravana automovilística por los diversos sectores del municipio anunciando las festividades.

08/11. Fuegos artificiales.

14/11. Fuegos artificiales. Noche Cultural del IACENE transmitida por Radio Expresión 97.7 FM.

16/11. Fuegos artificiales. Serenata a Santa Isabel de Hungría transmitida por Radio Expresión 97.7 FM.

17/11.Fuegos artificiales. Inauguración del templo. Festival de Aguinaldos y Parrandas.

18/11. Baile popular.

19/11.Juegos recreativos y deportivos. Piñatas para la chiquillería. Quema del Guareque de Choro.

De Santa Isabel de Hungría se lee en ACI Prensa del 17 de noviembre de 2017:

Cada 17 de noviembre la Iglesia celebra a Santa Isabel de Hungría, una joven madre que aprovechó su condición de nobleza para ayudar a Cristo en los más pobres. Al morir, se apareció y dijo que iba para la gloria y que había muerto para la tierra.

Hija del rey de Hungría, nació en 1207 y fue dada en matrimonio a Luis Landgrave de Turingia. Por ello, desde muy temprana edad sus padres la enviaron al castillo de Wartburg para que se educase en la corte de Turingia con el que sería su esposo. Allí tuvo que soportar incomprensiones por su bondad.

Su prometido, cada vez que pasaba por la ciudad, le compraba algo a la Santa y se lo entregaba muy respetuosamente. Más adelante el joven heredó la "dignidad" de Landgrave y se casó con Santa Isabel. Dios les concedió tres hijos.

Luis no ponía impedimento para las obras de caridad de la Santa, pero por las noches, cuando se ella se levantaba a orar, su esposo le agarraba la mano con miedo a que tantos sacrificios le hagan daño y le suplicaba que volviera a descansar.

Por un tiempo, el hambre se hizo sentir en esas tierras y Santa Isabel se gastó su dinero ayudando a los pobres y el grano que estaba reservado para su casa. Esto le valió grandes críticas. Como el castillo quedaba sobre una colina, construyó un hospital al pie del monte para dar de comer a los inválidos con sus propias manos, y pagaba la educación de los niños pobres, especialmente de los huérfanos.

Luis murió en una de las cruzadas, víctima de la peste, y Santa Isabel sufrió mucho. Luego su cuñado se apoderó del gobierno y ella tuvo que mudarse. Más adelante, cuando sus hijos tenían todo lo necesario, tomaría el hábito de la tercera orden de San Francisco.

Su sacerdote confesor la sometió a grandes sacrificios como el despedir a sus criados que más quería. Hilaba o cargaba lana, ayudaba a los enfermos, vivía austeramente y trabajaba sin descanso. Partió a la Casa del Padre al anochecer al 17 de noviembre de 1231.

Se dice que el mismo día de su muerte, un hermano lego se había destrozado un brazo en un accidente y sufría en cama con los dolores. En eso se le apareció Santa Isabel con vestidos radiantes y el hermano le preguntó el porqué estaba tan hermosamente vestida. A lo que ella respondió: "es que voy para la gloria. Acabo de morir para la tierra. Estire su brazo ya que ha quedado curado".

Dos días después del entierro llegó un monje cistercense al sepulcro de Santa Isabel y se arrodilló para pedirle a la Santa que intercediera para curarse de un terrible dolor de corazón. De un momento a otro quedó completamente curado de su enfermedad.

Fuentes

ACI Prensa.
Programa 2005.

Nuestra Señora de Montserrat

Sus festividades se celebran en el sector La Sierra de La Asunción desde el 1 al 30 de abril.

El santoral señala el 27 como su Día.

Ésta fue la programación litúrgico-religiosa que rigió en 2005:

Inicio del San Rosario.

Santa Misa y bajada de la imagen. Actuación de Niños Cantores de Las Casitas.

Desde el 3 hasta el 15, rezo del Santo Rosario.

16. Santa Misa y rezo del Santo Rosario.

Desde el 17 hasta el 22, rezo del Santo Rosario.

23. Santa Misa y rezo del Santo Rosario.

Desde el 24 hasta el 25, rezo del Santo Rosario.

26. Actuación de la Orquesta Sinfónica Juvenil e Infantil de La Asunción. Confesiones. Santo Rosario, Sermón y Salve. Fuegos artificiales.

27. Día de Nuestra Señora de Monserrat. Santificación de hogares. Santo Rosario. Santa Misa. Actuación de la Coral Domingo Savio. Procesión.

28 y 29. Santo Rosario.

30. Santa Misa y Santo Rosario.

Se lee en Wikipedia, la enciclopedia libre la Virgen de Montserrat, llamada en Cataluña, España, que La Moreneta es la patrona de las nueve comunidades autónomas de ese país.

Hay replicas suyas, además, en Argentina, Islas Canarias, Brasil, Chile, Colombia, Cuba, Ecuador, Nicaragua, El Salvador, Guatemala, México, Perú y Venezuela.

Añade la fuente:

Según la leyenda, la primera imagen de la Virgen de Montserrat la encontraron unos niños pastores en el año 880. Tras ver una luz en la montaña, los niños encontraron la imagen de la Virgen en el interior de una cueva. Al enterarse de la noticia, el obispo de Manresa intentó trasladar la imagen hasta esta ciudad, pero el traslado fue imposible ya que la estatua pesaba demasiado. El obispo lo interpretó como el deseo de la Virgen de permanecer en el lugar en el que se la había encontrado y ordenó la construcción de la ermita de Santa María, origen del actual monasterio.

Durante la Guerra de la Independencia, que supuso la invasión de parte de España por parte de tropas de Francia en 1814, el Monasterio de Montserrat fue profanado y la imagen de la Virgen fue trasladada a Barcelona para evitar su destrucción.1 La imagen estuvo primero en la catedral y después en la Iglesia de San Miguel. En 1824, el nuevo gobierno permitió su regreso a Montserrat y la reconstrucción del monasterio. Sin embargo, el cambio político, la supresión de órdenes religiosas y las desamortizaciones obligó de nuevo a la Virgen a estar ausente de su Santuario hasta 1844, cuando se restableció de nuevo su culto.

Desde épocas remotas la Virgen estaba vestida con lujosos mantos de tela y grandiosas coronas de oro, que fueron expoliados por los milicianos republicanos durante la Guerra Civil española. Tras el final de la contienda, la imagen se presentó con su aspecto original románico, despojada de vestidos y accesorios, que es como actualmente se muestra.

La imagen es una talla románica del siglo XII realizada en madera de álamo. Representa a la Virgen con el niño Jesús sentado en su regazo y mide unos 95 centímetros de altura. En su mano derecha sostiene una esfera que simboliza el universo; el Niño tiene la mano derecha levantada en señal de bendición mientras que en la mano izquierda sostiene una piña. El rostro y la cabeza del Niño Jesús fueron retocados en época posterior y muestran un estilo naturalista ajeno del todo a las imágenes románicas.

Con excepción de la cara y de las manos de María y el Niño, la imagen es dorada. Las carnaciones son de color negro, lo que le ha dado el apelativo popular de La Moreneta. Se ha querido asociar al grupo de las llamadas vírgenes negras que tanto se extendió por la Europa románica y cuyo significado ha dado lugar a múltiples estudios, si bien en este caso su color parece ser el resultado de la transformación del barniz de su cara y de sus manos a causa del paso del tiempo3 y a un repintado del principio del siglo XIX.45 Aunque la talla es mayoritariamente del siglo XII, tanto el Niño Jesús como las manos actuales de la Virgen son un añadido del siglo XIX.3

La Virgen de Montserrat fue la primera imagen mariana de España en recibir la Coronación canónica en 1881.

Fuentes

Programa 2005.
Wikipedia, la enciclopedia libre.

Santísima Trinidad

Toda la actividad en honor a la Santísima Trinidad, patrona del barrio Los Cocos, de Porlamar, se limita a las primeras comuniones que reciben los niños de la parroquia, luego de las cuales se ofrece un desayuno, y a la Santa Misa presidida por el obispo de la Diócesis de Margarita.

La imagen patronal fue incorporada a la iglesia en 1991, previa donación de un feligrés que la adquirió en Colombia.

La devoción local por la Santísima Trinidad se inició en 1971 en una pequeña capilla que más tarde, el 9 de septiembre de 1986, dio paso a la actual iglesia de arquitectura moderna, que es sede de la parroquia eclesiástica homónima creada el 23 de octubre de 1970, siendo el primer párroco el sacerdote Jorge Prunera, hasta el 19 de septiembre de 1976, cuando fue sucedido por el padre Conrado Negro Figuera.

Esta festividad se celebra el domingo siguiente a Pentecostés, que es siempre 50 días después de la Semana Santa.

Fuente

Padre Conrado Negro Figuera.

San Antonio María Claret

Las festividades en honor al copatrono de Los Cocos, Porlamar, y patrón de la Organización Deportiva, Social y Cultural "Marinos de Punda" se celebran, en su contenido religioso, en la iglesia parroquial de la Santísima Trinidad, con una misa solemne el 24 de octubre, Día de San Antonio María Claret.

Son organizadas por la citada institución, la Dirección de Educación y Cultura del Municipio Mariño y la Casa de la Cultura "Rafael Suárez.

La venerada imagen fue donada por Francisco Suárez González, quien se encargó hasta su muerte de organizar los eventos religiosos y no religiosos.

Fuentes

Jesús Rafael Cedeño.
Programa.

Nuestro Señor San José

En el catolicismo San José, padre putativo de Jesucristo, es el patrono de la Iglesia Universal. Ejerció la carpintería.

Sus festividades en Margarita se celebran en Paraguachí, Municipio Antolín del Campo, sede de la parroquia eclesiástica homónima situada en la referida población. También en La Vecindad, Municipio Gómez, y en Mata Redonda, Municipio Tubores.

En Paraguachí, tomando como referencia 1992, las fiestas se realizan entre el 14 y el 21 de marzo, con énfasis el 19, Día de San José.

Así fue el desarrollo de la programación:

14/3. Amanecer feliz. Actuación de la Banda Rítmica "Santiago Mariño" y baile popular.

15/3. Presentación de la Banda "Simón Bolívar" y Danzas "Porlamar". Baile popular.

16/3. Actuación de conjuntos musicales de la Dirección de Cultura de la Gobernación.

17/3. Repique de campanas, fuegos artificiales y paseo de música. Charla pre-bautismal. Reparto de décimas.

18/3. Repique de campanas, fuegos artificiales y paseo de música. Bautismos comunitarios. Santo Rosario, Sermón y Salve. Quema de fuegos artificiales y baile popular.

19/3. Día de Nuestro Señor San José. Sesión Solemne del Concejo Municipal y la Alcaldía. Actuación de la Banda del Estado "Francisco Esteban Gómez" luego de la solemne Eucaristía presidida por el obispo de la Diócesis de Margarita, monseñor César Ramón Ortega Herrera. Procesión alrededor de la plaza a partir de las seis de la tarde. Baile popular.

20/3. Actuación de la Banda "Zuliamar" y baile popular.

21/3. Competencias deportivas. Actuación de la Banda de la Fundación del Niño. Fiesta infantil, juegos tradicionales y baile popular.

El informante clave, profesor José Ramón Marcano, nos explicó que la primera imagen del patrono incorporada al templo data del siglo XVIII; la segunda, del siglo XIX y la actual tenía en 1992 alrededor de cuarenta años.

Añadió que en 1880 existía una sociedad o cofradía que se encargaba de organizar las fiestas, la cual fue disuelta por el presbítero Francisco López, para la época párroco de Paraguachí, correspondiéndole esta tarea desde entonces a una Junta de Mayordomos, que ha estado presidida por Martín Rosas, Carlos Marín y Jesús Rodríguez Salazar.

En lo que respecta a la iglesia, el informante reveló que es de origen colonial la parte del Altar Mayor, mientras que el resto fue objeto de reconstrucción alrededor de 1912. La restauración se llevó a efecto en 1987, durante la gestión del gobernador Morel Rodríguez Ávila.

Fuentes

Informante clave José Ramón Marcano.
Programa de 1992.

En Mata Redonda el ciclo festivo se extiende del 17 al 19 de marzo, Día del Santo Patrono.

En enero de 1992 el gobernador Morel Rodríguez Ávila, al inaugurar la iglesia local, ordenó la adquisición de la imagen para ser entronizada en marzo.

Ese año se constituyó una Junta Directiva integrada así: presidente, Dorenny

Vásquez de Vásquez; vicepresidente, Luz Villarroel; tesorera, Diamela Rodríguez; secretaria, Zuleima de Penoth, y vocales, Anaís de Vásquez y María Vásquez.

La primera fiesta se celebró en marzo de 1993.

En 2006 fue desarrollado el siguiente programa:

17/3. Baile popular con la Orquesta "Tropical Music" y la miniteca "Macondo".

18/3. Víspera. Baile popular.

19/3. Día de San José. Procesión. Actuación de la Banda Show Bartolomé Ferrer, de Boca del Río, y la agrupación dancística "Perlas de Margarita.

Las festividades ese año fueron coordinadas por José Ángel Vásquez.

Fuentes

"Comunidad de Mata Redonda en Tubores celebra Fiestas de San José". Diario Caribazo, 17-3-06.

Investigación de campo.

En La Vecindad el programa religioso se extiende del 10 al 19 de marzo, Día de San José y se desarrolla así:

10/3. Entronización de la imagen del bulto del santo patrono en su carroza e inicio de la Novena por la Legión de María.

11/3. Novena a cargo de la feligresía a cargo de la feligresía de la calle Arismendi.

12/3. Novena a cargo de los feligreses de la calle Santa Rita y charlas cuaresmales.

13/3. Novena a cargo de los feligreses de la calle San José y charlas cuaresmales.

14/3. Novena a cargo de la feligresía de la calle Libertad.

15/3. Celebración de la Santa Misa dominical y continuación de la Novena por parte de los feligreses de la calle Independencia.

16/3. Novena a cargo de los feligreses del Caserío Rojas.

17/3. Novena por la feligresía de la calle Las Casitas y charlas pre-bautismales.

18/3. Repique de campanas, fuegos artificiales y paseo musical. Santo Rosario, Sermón, Salve y Letanías cantadas.

19/3. Día de San José. Repique de campanas, fuegos artificiales y paseo musical: Santa Misa Solemne. Celebración del Sacramento del Bautismo. Confesiones. Procesión.

El programa no religioso es esencialmente deportivo y cultural, extendiéndose del 1 al 31 de marzo.

En 1992 se desarrolló así:

1/3. Presentación de candidatas al reinado de las fiestas y desfile con los diferentes equipos deportivos. Inicio de la Feria,

2 al 6/3. Juegos deportivos.

7/3. Galerón Segundo Canto a San José con las escuelas de galerón de Altagracia, San Sebastián y La Vecindad; igualmente los galeronistas de Margarita.

8/3. Juegos populares y deportivos.

9/3. Juegos deportivos.

10/3. Repique de campanas y fuegos artificiales. Presentación de la Banda "Juan de Castellanos".

11 al 12/3. Juegos deportivos.

13/3. Elección y coronación de la Reina de la Tercera Feria en honor a San José.

14/3. Juegos deportivos. Presentación de la Banda de la Fundación del Niño. Baile popular con la Orquesta "Vendaval".

15/03. Juegos populares y deportivos.

16 al 17/3. Juegos deportivos.

18/3. Baile popular.

19/3. Baile popular con la Orquesta "Swing Latino" y Exposición de Artesanía.

20/3. Noche Margariteña organizada por FONDENE.

21/3. Noche Cultural Bailable a cargo de la Alcaldía de Gómez.

22/3. Maratón infantil. Juegos deportivos.

23 al 27/3. Juegos deportivos.

28/3. Presentación de la Banda "Antonio Díaz" y baile popular con la Orquesta "Kanela".

29/3. Juegos populares y maratón de adultos.

30/3. Juegos deportivos.
31/3. Entrega de diplomas, trofeos y medallas. Noche Vecindera con Danzas "La Vecindad" y Danzas "Sra. Esther".

La iglesia local fue construida durante la gestión del gobernador Virgilio Ávila Vivas (1977), mientras que la imagen del patrono fue donada en 1978 por José Marín.

Estas dos informaciones fueron suministradas por el informante clave José Lárez, presidente de la Junta Patronal en 1992, año de la investigación de campo.

El informante dio cuenta de la existencia en el templo de una imagen pequeña que se utilizó cuando las festividades se realizaban en la capilla. Según Ramón Vásquez ésta se incorporó al patrimonio espiritual local por intermedio de Petronila Romero de García a fines del siglo XIX.

Las festividades las organiza una Junta Patronal. En la programación religiosa colabora La Legión de María.

Fuentes

Informantes claves Isabel Romero y José Lárez.
Programa de 1992.

San Agustín

Sus festividades, organizadas por una Junta Patronal, tienen como campo cultural residencial la comunidad de Manzanillo, Municipio Antolín del Campo del 20 al 28 de agosto, Día de San Agustín, padre y doctor de la Iglesia católica.

La directiva de 2008 estaba dirigida por Delia Quijada de Natera. Ese año el programa religioso se rigió de la siguiente manera:

20 al 26 de agosto. Novenario y rezo del Santo Rosario.

27/08. Confesiones, Santo Rosario, Novenario y Sermón.

28/08. Día de San Agustín. Eucaristía Solemne y procesión a las 7:00 pm.

El programa no religioso contempló la elección de la reina de las festividades, juegos tradicionales y fiesta para los niños.

La imagen fue adquirida en España con recursos obtenidos mediante una recolecta entre la feligresía.

Los días previos a las festividades la Junta Patronal efectúa bingos y rifas para la recaudación de fondos.

Fuentes

Informante Clave Rosmary Rodríguez.
Programa 2008.

San Isidro Labrador

Es conocido San Isidro Labrador como el patrono de los agricultores. Su fiesta se celebra el 15 de mayo.

En Conejeros, Municipio García, existe la costumbre de hacer la celebración el domingo anterior o posterior a la fecha establecida en el santoral, a menos que coincida con su día oficial.

La imagen fue rescatada por los devotos del alambique del general José Francisco Bermúdez, su propietario, probablemente en 1950, siendo llevada hasta la iglesia San Nicolás de Bari, de Porlamar.

Posteriormente se formó una pequeña Junta, integrada por Luisa Mercedes Hernández y Yolanda Hernández, reclamándose la imagen para ser instalada en la pequeña capilla construida durante la administración del gobernador Heraclio Narváez Alfonzo.

En 1978 el gobernador José Fontúrvel inauguró la nueva capilla.

Las festividades, que incluyen también eventos culturales, son organizadas por una Junta Directiva integrada en 1992 así: Rosario de Marcano, presidente; Anselma Fermín, tesorera, y Pedro Julián Hernández y Jorge Narváez, vocales.

En Fuentidueño, Municipio Díaz, también las fiestas corren a cargo de una Junta Patronal, integrada en 1992 por Silvano Díaz, Marga Villarroel y Carmen de Aguiar.

La devoción data de 1982, cuando Pedro José Rincones hizo donación de la imagen que conservaba en su hogar y la llevó a la capilla al ser inaugurada ésta el citado año.

El programa desarrollado en 2000 fue el siguiente:

Sábado 13 de mayo. Actos culturales y baile popular.

Domingo 14 de mayo. Desfile de bandas, actividades deportivas, homenaje al Día de las Madres, Santa Misa, Santo Rosario, Salve y actuación de agrupaciones culturales.

Lunes 15 de mayo. Paseo de música, misa, procesión, actuación de agrupaciones culturales y entrega de trofeos y reconocimientos.

Fuentes

Informantes claves Anselma Fermín, Pedro Julián Hernández y Luisa Rojas de Díaz.

Programa.

San Miguel Arcángel

En 1992 el programa para celebrar las festividades en honor al patrono de Las Guevaras, Municipio, Tubores, se desarrolló así:

Domingo 29 hasta el lunes 28 de septiembre. Celebración de la Eucaristía, ejercicio de la Novena y rezo del Santo Rosario. El último de los días mencionados incluyó confesiones, canto de la Salve y fuegos artificiales.

Martes 29, Día de San Miguel Arcángel. Charla y celebración del sacramento del bautismo, Eucaristía y procesión.

Estas festividades fueron incorporadas a la localidad por Pedro Mata entre los años 1985 o 1986 (la informante no pudo precisar la fecha exacta) cuando hizo donación de la imagen, que durante un tiempo no determinado permaneció en su hogar y quería donarla cederla a una comunidad con edificación religiosa sin santo, la cual resultó ser Las Guevaras, cuya capilla había sido inaugurada en esa imprecisa fecha.

De organizar las festividades se encarga una Junta Directiva, que en 1992 estaba presidida por Maritza de Velásquez.

Fuente

Informante clave Judith de Salazar.

Beato Pedro González

Durante algunos años la feligresía de El Valle de Pedrogonzález, Municipio Gómez, le rindió honores al beato Pedro González el 29 de junio, Día de San Pedro. y tenía la costumbre de llevar su imagen a Santa Ana del Norte durante la Octava, que ya no se celebra.

Sus festividades se celebran el 14 de abril o el lunes después de la segunda semana de Pascua, pero en esa localidad las hacen en fecha diferente del mismo mes.

En 1992 rigió el siguiente programa:

23 de abril. Programa radial desde la plaza del pueblo. Bautizo del libro Primer Año de Trabajo de la Escuela de Cantos Tradicionales, de José Ramón Villarroel. Actuación del grupo musical "Tambor y Costa".

24 de abril. Paseo de música por las diferentes calles de la población. Presentación de bandas shows, danzas y diversiones. Baile popular con el grupo "Acuario".

25 de abril. Paseo de música por las diferentes calles de la localidad y el caserío Guayacán. Festival deportivo infantil.

26 de abril. Repique de campanas y fuegos artificiales. Misa Solemne. Salva de cañones. Procesión. Presentación de mariachis y retreta a cargo de la banda oficial "Francisco Esteban Gómez".

La festividad es organizada por una Junta Directiva.

En 1995 las festividades enfatizaron la parte religiosa y comenzaron el 17 de abril con el rezo del Ángelus, Misa y Santo Rosario. Concluyeron el 23 con Misa Solemne y procesión.

Al beato Pedro González, un sacerdote español nacido el 9 de marzo de 1190 y fallecido el 15 de abril de 1246, se le conoce también como San Telmo

Fuentes

Informante Clave Flor Mata.
Programa.
Wikipedia, la enciclopedia libre.

Santísimo Cristo de Las Piedras

Desde 1967 se celebran en Las Piedras, sector de Juangriego, las festividades en honor a su patrono el Santísimo Cristo, impuestas por Lourdes Rodríguez, donante de la sagrada imagen en abril de ese año y quien presidió la primera Junta Directiva, de la que también formaron parte Rafael Córdova, Joaquín Salazar, Ana González de Ferrer y Cornelio Rodríguez.

De 1967 data también la capilla, construida durante la gestión del gobernador José Asunción Hernández.

Las celebraciones centrales se llevan a efecto el segundo domingo de mayo, a menos que para esa fecha haya duelo en la comunidad.

La programación cumplida en 1992 fue así:

01/05. Paseo de música. Santo Rosario y bajada de la sagrada imagen, 02/05. Actos deportivos y baile popular.

03/05. Sesión Solemne de la Alcaldía. Eventos deportivos y baile popular.

04 al 07. Actos culturales.

08/05. Misa. Homenaje póstumo y develación de una placa en honor a los miembros fundadores de la festividad.

09/05. Paseo de música. Santo Rosario, Sermón y Salve. Fuegos artificiales. Actos deportivos y baile popular.

10/05. Misa Solemne en honor al patrono y al Día de las Madres. Reconocimientos. Procesión.

Fuentes

Informante Clave Julián Salazar.
Programa.

San Juan Bautista

Las festividades en honor a San Juan Bautista se celebran en la ciudad homónima de la capital del Municipio Díaz y en la población de Guarame, Municipio Antolín del Campo.

El programa que se llevó a efecto en 1988 en San Juan Bautista fue el siguiente:

22 de junio. Santa Misa y confesiones.

23 de junio. Santa Misa, confirmaciones, Santo Rosario y Salve.

24 de junio. Día de San Juan Bautista. Solemne misa oficiada por el obispo de la Diócesis de Margarita. Procesión.

25 de junio. Santa Misa en San Juan Bautista y la localidad de El Tuey.

26 de junio. Santa Misa en La Plaza, Carapacho y Fuentidueño.

30 de junio. Octava. Santa Misa. Acto religioso-cultural con motivo de las Bodas de Plata de monseñor César Ramón Ortega Herrera, obispo de la Diócesis de Margarita.

01 de julio. Santa Misa y confesiones.

02 de julio. Santa Misa, bautizos, Santo Rosario y Salve.

03 de julio. Santa Misa y procesión.

En 1989, además de los eventos religiosos, la programación comprendió actividades culturales, sociales y deportivas que se extendieron del 22 de junio al 2 de julio.

En 1992, a dos años de haberse incorporado a las festividades las ferias, la programación religiosa se complementó con los siguientes eventos no religiosos:

05 de junio. Inauguración del Torneo de Baloncesto y actuación de la orquesta "Los Anónimos".

12 de junio. Actuación de la orquesta "Los Anónimos".

13 de junio. Presentación a la Prensa de las candidatas a Reina de las Ferias y Fiestas.

19 de junio. Elección de la reina.

20 de junio. Ciclismo infantil. Actuación de la orquesta "Swing Latino".

21 de junio. Inauguración de la manga de coleo en Las Guevaras y presentación del grupo musical "Kramer".

22 de junio. Actividad deportiva y cultural.

23 de junio. Víspera. Actuación de las orquestas "Dimensión Latina" y "Swing Latino".

24 de junio. Día de San Juan Bautista. Presentación del grupo musical "Tambor y Costa", Sabino Marín y "Kramer".

25 de junio. Eventos culturales y deportivos.

26 de junio. Festival Folklórico Infantil. Mariachis. Desfile de caballos y de los jinetes a participar en los toros coleados.

27 de junio. Amanecer Sanjuanero con mariachis. Actuación de "Las Princesas del Merengue".

28 de junio. Actuación de las agrupaciones musicales "Kanela" y "Tambor y Costa".

En la iglesia, que es colonial, hay dos imágenes de bulto del santo patrono. La primera data de 1600, y la segunda, traída por el presbítero doctor Silvano Marcano Malaver en 1912.

La cúpula de la iglesia no es original, pues fue hecha restaurar por el sacerdote Julián Ramírez en 1939.

En Guarame, el ingrediente religioso (misa, bautismos, procesión y salve) es acompañado de eventos culturales, sociales, deportivos y artísticos como una herramienta para reproducirse en el tiempo y no desaparecer.

En 2008 tuvo lugar la celebración del XVI Festival de San Juan Bautista que incluyó baile popular, Amanecer Llanero y la elección de la Reina Claudia Rosas.

La imagen del patrono fue paseada al son del tambor.

Sobre la programación del citado año la informante clave Elizabeth Quijada reveló que la parte religiosa comprendió el rezo del Santo Rosario, la celebración de la Santa Misa y la procesión a las tres de la tarde del 24 de junio.

La imagen que se saca a la calle –precisó– pertenece al pueblo y es paseada al ritmo de tambores. Hay otra imagen donada por el párroco en 2006 y una tercera, donación de Chana Uzcátegui, una entusiasta devota de San Juan Bautista.

Fuentes

Informantes claves Eutiquio Velásquez y Elizabeth Quijada.

Pedro Velásquez. "Con Música y Deportes comienzan fiestas de San Juan". Diario del Caribe, 5 de junio de 1992.

Programa.

San Pedro y San Pablo

Las festividades se realizan en Aricagua, Municipio Antolín del Campo, del 21 al 29 de junio, Día de San Pedro y San Pablo.

Según Ricardo Moya González la devoción se originó en fecha no determinada del siglo XIX, cuando la familia de Celestino Bejarano sacaba en procesión a los principales apóstoles de la Iglesia Católica.

El segmento religioso de las fiestas en 2007 el Novenario comenzó el 21 de junio a las siete de la noche y concluyó a la misma hora del día 28, víspera de las festividades, cuando además hubo sermón y letanías.

El 29 se ofició la Solemne Eucaristía, siguiéndole la procesión.

El programa no religioso comprendió actos culturales con la participación de grupos dancísticos y bailo terapia.

Las dos imágenes proceden de Colombia, mediante trámites hechos por Aura Hernández y Jesusita Hernández.

Los fondos fueron aportados por la feligresía y concejales de la Municipalidad de Antolín del Campo.

Hasta ese año se utilizó la imagen de San Pedro existente en la iglesia de Puerto Fermín.

A San Pablo se le rendía homenaje sin imagen.

Fuentes

Informante Clave Gradiola Martínez.
Programa de 2007.
Ricardo Moya González. "Municipio Antolín del Campo". En Visión Geohistórica del Estado Nueva Esparta. Porlamar, Editorial Pontevedra, 2005.

La Santa Cruz

En Margarita las localidades de Las Cabreras, La Cruz Grande, La Cruz del Pastel, El Calvario y Los Gómez tienen como patrona a la Santa Cruz, y aunque en el santoral aparece dicha fiesta el 3 de mayo su celebración en algunas de esas localidades se lleva a efecto en fechas distintas.

En Las Cabreras, Municipio Marcano, no hay una fecha fija. En 1992, por ejemplo, la programación se efectuó los días 12 al 14 de junio, mientras que el año anterior el ciclo festivo fue desde el 24 al 26 de mayo desarrollándose el siguiente programa:

Viernes 24 de mayo. Repique de campanas, fuegos artificiales y acto cultural.

Sábado 25 de mayo. Repique de campanas, fuegos artificiales, paseo de música por el sector de El Rincón, actuación de la Banda Show "Juan de Castellano", rezo del Santo Rosario y Salve.

Domingo 26 de mayo. Repique de campanas, fuegos artificiales, paseo musical por la calle principal del pueblo, competencia deportiva, Misa Solemne en Acción de Gracias, juegos tradicionales, bautismos, corrida de ramos, procesión y baile popular.

Las fiestas son organizadas por una Junta Directiva, que integraban en 1992 Luisa de Rojas, Felipe José Lugo, Lina de Mayz,

Carmen Villarroel, Margarita Rodríguez y Bautista Lugo. La misma es apoyada en sus labores por el Club de Amigos de Las Cabreras y el Centro Deportivo Popular "Las Cabreras".

La capilla fue construida por la Municipalidad de Marcano durante el período 1965-1968 en la gestión de Manuel Felipe Valery.

Se dice que la cruz era propiedad de Inés de Lugo, quien la sacó de un árbol

En El Calvario, Municipio Díaz, la programación se extiende del 1 al 4 de mayo y es de carácter religioso, cultural y deportivo.

El ciclo festivo de 1992 fue el siguiente:

Viernes 1 de mayo. Fuegos artificiales para anunciar el inicio de las fiestas.

Sábado 2 de mayo. Fuegos artificiales. Rezo del Santo Rosario y Salve. Gran Festival Pirotécnico con despliegue de luces multicolores. Encuentros de básquet. Presentación de grupos folklóricos.

Domingo 3 de mayo. Fuegos artificiales. Santa Misa. Procesión por los pueblos de Agua de Vaca y Carapacho. Entrada de la Cruz al Santo Calvario. Continuación del torneo de básquet.

Lunes 4 de mayo. Procesión en el pueblo de Las Vegas.

La veneración de la Santa Cruz en este sector de la localidad de Carapacho data del siglo XIX. Parece ser que un descendiente del prócer margariteño Gaspar Marcano ofreció la capilla.

En principio –reveló el informante clave Eutiquio Velásquez- se hacía una especie de velorio. A fines del siglo XIX las festividades tenían una mejor organización y el párroco participaba. En cierto momento las celebraciones se emparentaban con las de San Juan Bautista, porque había la participación de mucha gente, tanto de Carapacho como de otras zonas, que formaban parte de la Junta Directiva.

En Los Gómez, Municipio Tubores, las festividades se realizan entre el 1 y el 3 de mayo, y son organizadas por el Apostolado, presidido en 1992 por Cruz de Gómez.

La programación es meramente religiosa y comprende misa, Santo Rosario y procesión.

La capilla local fue construida en 1955, durante la gestión del gobernador Heraclio Narváez Alfonzo.

La Santa Cruz era propiedad de Julia Gómez, quien la utilizaba en su casa para hacer curaciones milagrosas.

Salustiano Salazar Marín la convenció de que la sacara para pedirle al gobernador la construcción de la capilla. Ese señor hizo la Cofradía del Apostolado.

En La Cruz del Pastel, Municipio García, la fiesta si coincide con la del santoral, el 3 de mayo, y consiste en la celebración de la Santa Misa, procesión y juegos tradicionales.

Se desconoce quién impuso la devoción.

En años anteriores era llevada en procesión a varios lugares de Margarita para hacerle velorio.

La capillita original de 2 X 3 fue derrumbada para dar paso a otra de 6 X 8, también derribada, y sustituida por la actual, construida a mediados de 1992 durante la gestión del gobernador Morel Rodríguez Ávila.

Una Junta Patronal se encarga de organizar las festividades.

En 2007 rigió el siguiente programa:

30 de abril. Jornada de limpieza.

01de mayo. Iluminación y decoración de la Santísima Cruz.

02 de mayo. Santo Rosario. Fuegos artificiales. Encuentro de bandas.

03 de mayo. Toma cultural. Juegos tradicionales. Campeonato de softbol. Santa Misa. Procesión.

En La Cruz Grande, sector de Porlamar, la fiesta también se celebra el 3 de mayo con la Santa Misa.

Cabe destacar que durante todo el mes se reza el Santo Rosario.

La celebración corre a cargo de la Sociedad de la Santa Cruz.

La iglesia fue comenzada en 1888 y concluida en 1934, durante la gestión del gobernador Rafael Falcón.

La devoción data del siglo XIX y estaba a punto de perderse, pero se retomó en 1992.

Fuentes

Informantes claves Margarita Rodríguez, Eutiquio Velásquez, Victoria Marval de Salazar, Félix Salazar y Fernando Fernández.
Programas.
Pedro Claver Cedeño. "Festividades en honor a la Santa Cruz". Diario Caribazo, 30/04(2007

Santa Teresita del Niño Jesús

La veneración a Santa Teresita del Niño Jesús fue introducida en la localidad de Carapacho, Municipio Díaz, por Augusto Rojas Millán con una pequeña imagen traída de Francia.

Él trató de erigirle una pequeña capilla, pero no pudo materializar el proyecto porque murió en 1932. Sin embargo, su viuda Antonia María de Rojas, en compañía de Ana Joaquina Mariñas, Dacio Marín, Abraham Salazar, Mariano Rodríguez, Antonio Salazar, Emilia de Velásquez y Mariano León Pérez, entre otras personas, le iniciaron la obra en 1934 con el apoyo del párroco de la época Julián Ramírez Tovar.

El 3 de octubre fue la fecha escogida para echar las bases de la capilla, que estaba a punto de techo en 1936, permaneciendo así hasta 1950, cuando se reinició la construcción, quedando concluida en 1952, año en el cual fue bendecida la nueva imagen de la patrona adquirida por la feligresía, juntamente con la edificación religiosa.

El Día de la Patrona es el 3 de octubre y la bajada de su camerín se realiza el 2 a las 6:15 pm con repique de campanas, rezo del Santo Rosario y Salve. El 3 hay repique de campanas, Santa Misa y fuegos artificiales.

El 4 se repite el repique de campanas y tiene lugar la procesión por las principales calles del pueblo.

Esta programación religiosa es complementada con eventos deportivos, sociales y culturales.

Durante muchos años la organización de las fiestas estuvo bajo la responsabilidad de Héctor Vásquez, Carmelo Aguado, Rodolfo Vásquez y José Manuel Salazar. Pero a partir de 1992 la propia feligresía se encargó de organizarlas.

Fuente

Informante Clave Eutiquio Velásquez.

Nuestra Señora del Pilar

Nicanor Navarro, quien en vida fuera cronista de la población de Los Robles, nos reveló el 5 de octubre de 1992 que hasta esa fecha no había establecer cuándo Nuestra Señora del Pilar fue incorporada al patrimonio espiritual local, pero advirtió que para 1863 ya la devoción debió existir porque ese año un grupo de robleros se dirigió a la Asamblea Legislativa solicitando el cambio de Los Robles por El Pilar nombre oficial que ostenta, pero no usado popularmente.

Las fiestas se extienden del 1 al 18 de octubre y la programación tiene contenidos religiosos y no religiosos. Son organizadas desde 1945 por el Centro "Ideales". Antes de esa fecha el pueblo nombraba una directiva que se encargaba de realizar la colecta popular para financiar los distintos eventos de éstas.

El programa religioso que rigió en 1992 fue el siguiente:

1 de octubre. Repique de campanas y fuegos artificiales para anunciar el inicio de las

festividades. Santo Rosario para pedir a la patrona por su intercesión a favor de la paz en todos los pueblos latinoamericanos. Santa Misa.

2 de octubre. Solemne Hora Santa para pedir por el aumento de las vocaciones sacerdotales, religiosas y misioneras. Santa Misa.

3 de octubre. Inicio del Novenario con el rezo del Santo Rosario para pedir la protección de la Virgen del Pilar de todos los pueblos del continente americano.

4 de octubre. Peregrinación de todos los sectores hacia la iglesia para rendirle honor a la patrona. Confesiones. Celebración dominical de la Eucaristía en Los Robles y la urbanización Jorge Coll, Santo Rosario. Bajada de la patrona de su nicho.

8 de octubre, Santa Misa. Santo Rosario y procesión con el Santísimo Sacramento por los alrededores de la iglesia.

9 de octubre. Santa Misa. Homenaje a la patrona por parte de los movimientos de apostolado seglar de la parroquia. Santo Rosario. Charla prebautismal para padres y padrinos.

11 de octubre. Repique campanas y fuegos artificiales para anunciar la víspera de las festividades. Confesiones. Celebración dominical de la Eucaristía por los niños y jóvenes y por todos los enfermos de la comunidad. Culminación del Novenario con el

rezo del Santo Rosario, Letanías, Salve y sermón sobre los quinientos años de la llegada de la Cruz al Continente de la Esperanza.

12 de octubre. Día de Nuestra Señora del Pilar. Repique de campanas y fuegos artificiales para anunciar la solemnidad de la patrona y el quinto centenario de la evangelización del continente americano. Peregrinación de todas las parroquias de la Diócesis a la iglesia. Solemne Eucaristía presidida por monseñor César Ramón Ortega Herrera y concelebración por los sacerdotes invitados. Celebración comunitaria del bautismo. Procesión alrededor de la iglesia.

17 de octubre. Confesiones. Rezo del Santo Rosario, Letanías y Salve con motivo de la víspera de las festividades octavarias.

18 de octubre. Repique de campanas y fuegos artificiales. Solemne Eucaristía. Procesión por la calle Bolívar con Fraternidad.

La programación no religiosa contempló la celebración de los XVII Juegos Deportivos Robleros en distintas categorías y especialidades, eventos culturales diversos y la tradicional sesión solemne de la Alcaldía del Municipio Maneiro.

La iglesia, construida en 1738, según la versión de Nicolás Navarro, o tal vez en 1570, de acuerdo con el testimonio del obispo de Puerto Rico Martínez Oneca, citado por Gloria Brito y Dalila de Rojas en Patrimonio Histórico de

Nueva Esparta, tiene tres imágenes de Nuestra Señora del Pilar: una escultura tallada en madera, de origen colonial; otra regalada por los Abouhamad en fecha imprecisa, de diseño moderno, y la tercera, también moderna, donación de Remy Rosas Navarro, que fue sacada por primera vez en procesión en 1991.

Fuentes

Informante Clave Nicanor Navarro.
Programa.
Gloria Brito y Dalila de Rojas. Patrimonio Histórico del Estado Nueva Esparta. Dirección de Turismo, sin fecha.

Santa Eduvigis

Las festividades en honor a la patrona de Taritari, Tari Tari o Tari-Tari, sector de Juangriego, Municipio Marcano, se celebraron en 1992 desde el 16 de octubre, Día de Santa Eduvigis o Santa Eduviges, como también se le conoce, hasta el 18 del mismo mes; del 16 al 19 de ese mes en 1997 y del 6 al 20 en 2002.

En el Programa 1997 aparece como Santa Eduviges.

Nació en Baviera, Alemania en 1174.y era hermana de Santa Gertrudis y tía de Santa Isabel de Hungría. Falleció Eduviges muere el 15 de octubre de 1243.

Es conocida como abogada de los hogares y las casas y por ello sus devotos acuden a ella para hallar casa, lograr la reparación de la propia, vender o comprar.

Aunque desde pequeña quiso ser religiosa, a los 12 años contrajo matrimonio con el duque Enrique I de Polonia, país donde introdujo a los agustinos, dominicos, franciscanos, cistercienses y premonstratenses, a los que confió escuelas y hospitales. En 1219 terminó su obra más amada, el monasterio cisterciense de Trebnitz, que se realizó cambiando penas de cárcel por años de trabajo, en consonancia con la gravedad.

De su vida y obra se lee en Wikipedia, la enciclopedia libre:

Después de tener su séptimo hijo, pidió a su marido y obtuvo de él, vivir en castidad, por lo que adoptó una vida de monja: ayunaba a pan y agua los miércoles y los viernes, visitaba y pasaba temporadas con las cistercienses, compartiendo sus tareas y oraciones. Continuó su intensa vida de caridad con los pobres, dando limosnas, llevándolos a hospitales y sanatorios. Les atendía a la puerta de la cocina y les daba alimentos y dinero. Y en cuanto a las penitencias, una dama de compañía declaró que usaba un cilicio todo el tiempo, pegado al cuerpo. Poco a poco, su marido comenzó a imitarla, dejando de usar ropas nobles ni oro, dejó de cortarse el pelo y se dejó una poblada barba (por ello se le conoce como Enrique el Barbudo).

Fue beatificada por el papa Clemente IV y el papa Inocencio XI decretó su fiesta para el 17 de octubre, trasladada después al 16 del mismo mes. Es patrona de los hogares, las parejas, la vida familiar (por lo mal que la pasó ella misma) y los zapateros. Normalmente se representa vestida de reina, con la corona a los pies (signo de abandono del mundo) y, menos frecuente, como cisterciense. Porta una maqueta de iglesia (recuerda la fundación del monasterio de Trebnitz y otros), una cruz, una estatua de María o un rosario, un libro de oraciones. En ocasiones va descalza, o con un zapato en la mano, y esto refiere al hecho de que su confesor le obligó a llevar zapatos, ella lo hizo, pero los llevaba en la mano. Cuando le obligó a llevarlos puestos, pues les quitó la suela. Todavía en alemán existe la expresión "hedwigssohlen", para llamar los zapatos que se rompen por las suelas.

Su incorporación al patrimonio espiritual de la localidad fue realizada por Catalina Rivas, donante de la pequeña imagen de bulto.

Las festividades son organizadas por la Legión de María, presidida en 1992 por Hilda de Fuentes.

Antes de concluirse la iglesia, en 1980, cada año correspondía a una familia devota de la santa organizar las festividades, esencialmente religiosa y algunos eventos culturales.

Es de hacer notar que la procesión no se realiza el mismo día de la Patrona, a menos que sea domingo. En 1991 ésta se llevó a cabo el domingo 20 de octubre, y en 1992, el domingo 18, pero en ambas ocasiones la Santa Misa fue oficiada el 16, bajo el patrocinio de los choferes de la Línea "Santa Eduvigis".

Ese último año se cumplió el siguiente programa:

16 de octubre, Día de Santa Eduvigis, la ya citada Misa Solemne.

17 de octubre. Paseo de música. Santo Rosario, sermón, Salve y fuegos artificiales.

18 de octubre. Eucaristía Solemne y procesión.

Fuentes

Informante Clave Eloína de Caraballo.
Programas.
Wikipedia, la enciclopedia libre.

Santa Rosa de Lima

Esta santa es patrona de El Espinal, Municipio Díaz, y de Villa Rosa, Municipio García, sede de la parroquia homónima.

Su día es el 30 de agosto.

La feligresía católica la considera Protectora de América.

En El Espinal la programación se desarrolla del 20 de agosto, cuando se celebra la Eucaristía y es bajada la imagen del nicho, hasta el 30 del mismo mes, Día de Santa Rosa de Lima.

Desde el 21 hasta el 28 las actividades religiosas comprenden el rezo del Santo Rosario, el ejercicio de la Novena y la celebración de la Eucaristía.

El 29 los fieles se confiesan, rezan el Santo Rosario, ejercitan la Novena, cantan la Salve y participan en la charla pre bautismal.

El 30 es la solemne celebración de la Eucaristía. Luego los niños hacen la primera comunión. Seguidamente se celebra el Sacramento del Bautismo, y, por último, tiene lugar la procesión.

La propia comunidad la escogió como patrona, cuya imagen fue llevada a la iglesia, construida en 1958 durante la gestión del gobernador Luis Villalba Villalba, el 4 de septiembre de 1960, celebrándose en esa ocasión las primeras festividades.

El 28 de agosto de 2015 Verni Salazar escribió en Sol de Margarita el esclarecedor texto que sigue:

El sábado 18 de junio de 1960, a las 7:00 de la noche, en la Escuela Concentrada de El Espinal, se reunieron con la finalidad de nombrar una junta y seleccionar un santo o una santa para ser colocado en la iglesia que había sido inaugurada el 4 de junio del mismo año. Después de varias propuestas, la primera Junta Directiva de la capilla quedó integrada por: Espedito González, presidente; Feliciano Velásquez, vicepresidente; Asdrúbal Velásquez, secretario de Organización; Héctor Luis Velásquez, secretario de Actas; Felimón Velásquez, Tesorero; Diomisia Velásquez, coordinadora del Comité Femenino; Albenis

Velásquez, Abraham Velásquez y Ausencio Rodríguez, vocales; Genara Velásquez y Vivina Velásquez, integrantes del Comité Femenino.

Teresita Velásquez llevó un libro que contenía una larga lista de santos y santas de la Iglesia Católica, en el cual buscaron un santo que celebrase sus fiestas cerca de julio o agosto y fueron seleccionados: San Ignacio de Loyola, el 31 de julio; Santa Rosa de Lima, el 30 de agosto y Santa Teresita, en octubre. Al someterlos a votación con la señal de costumbre quedó elegida por mayoría Santa Rosa de Lima.

Se nombró una comisión integrada por Espedito González y Felimón Velásquez, presidente y tesorero, respectivamente, para que se trasladasen a Caracas a comprar de la imagen de Santa Rosa de Lima. Así, el domingo 21 compraron el boleto en la Línea de Autobuses R.C., salieron en el ferri Intumaca y se embarcaron en Puerto La Cruz para Caracas. Ya el 22 estaban en la ciudad capital; Eusebio "Chevito" González, hermano de Espedito, quien cumplía el servicio militar en esa ciudad, los esperó en el Nuevo Circo y los acompañó hasta El Silencio donde se encontraba la Casa de Los Santos. Después de ver algunos tamaños, se decidieron por comprar la que costaba setecientos bolívares (Bs 700,^{oo}) y un crucifijo por cincuenta bolívares (Bs 50,^{oo}).

Con alegría por haber cumplido con la responsabilidad de la compra sagrada, tenían la inquietud de cómo trasladar tan delicada carga hasta Margarita. Ante esta preocupación, los dueños de la casa vendedora embalaron la imagen en un cajón y la trasladaron en una camioneta hasta el Nuevo Circo, la subieron al autobús de la misma línea donde habían llegado y salieron de Caracas en la noche del día 22 de agosto de 1960. Durante el viaje, la lluvia fue incesante, y cuentan que cada vez que se movía el autobús, tanto Moncho como Espedito se veían las caras, como diciendo: Hay Dios mío, cuidado con Santa Rosa.

Al amanecer del día 23 de agosto de 1960, ya estaban en el terminal de ferris de Puerto La Cruz, con la sagrada carga, y empezaron a buscar la manera de trasladarla hasta Punta de Piedras, pero como manifiesta el propio Espedito: ¡Siempre Dios mete la mano! Se encontraron con Mamerto González, propietario de un camioncito quien se encontraba esperando para embarcarse en el ferri. Al hablar con él, dijo que cómo podía negarse a tan hermoso favor y de esa manera, montada en el camión de Mamerto y en el ferri Intumaca, la imagen de Santa Rosa de Lima hizo el recorrido naval entre Puerto La Cruz y Punta de Piedras, y desde Punta de Piedras llegaría a El Espinal a las doce y treinta de la tarde del martes 23 de agosto de 1960. Allí fue bajada en la casa de habitación de los esposos Gregorio Velásquez y Cleta de Velásquez, los vecinos se acercaron a ver la imagen de la santa; pero Felimón y Espedito, alegando estar cansados por el viaje, no quisieron destaparla. En realidad, en el fondo, persistía en ellos el miedo de que hubiese sufrido algún daño en el trayecto.

Amaneció el miércoles 25 de agosto, y a las cinco de la mañana decidieron desembalar la santa carga, la cual fue destapada entre aplausos, cohetes y una gran algarabía del pueblo espinalero, y colocada en una mesa en la amplísima habitación del lado derecho de la casa de Goyo y Cletica. Todo el pueblo pasó a ver a la patrona Santa Rosa de Lima.

El lunes 29 de agosto de 1960, en la mañana, rodeada de la feligresía del pueblo de El Espinal, fue trasladada en hombros de su gente la sagrada imagen de Santa Rosa de Lima desde la casa de los Velásquez hasta su hogar, la iglesia que desde aquel día empezó a llamarse "Iglesia Católica Santa Rosa de Lima". Le correspondió al presbítero Franco González Martín, cura párroco de la parroquia San Juan Bautista, el privilegio de realizar la primera misa, cantar la Salve y el rezo del Santo Rosario, en la víspera del día de Santa Rosa de Lima; aquella noche el pueblo disfrutó de los fuegos artificiales y la buena música, que por primera vez se realizaban en El Espinal.

Al amanecer del día 30 de agosto de 1960, día de Santa Rosa de Lima, se oyeron unas detonaciones de cañones, cohetes y repiques de campanas, era el día de la santa, el día que desde entonces ha marcado pauta en la fe de este pueblo; luego de la misa, a las diez de la mañana, a las cinco de la tarde salió la imagen venerada de Santa Rosa de Lima a recorrer las calles, a llevar su bendición a cada una de las familias de este pueblo espinalero, al llegar de nuevo a la capilla, siempre acompañada por la música de viento, se oyó el constante sonido de los cohetes y minas que le daban la bienvenida a su santa morada.

En el sentimiento espinalero, por siempre.

La Junta Directiva en 1992 la presidió Aníbal Malavé. Para esa fecha en dos oportunidades dejó de celebrarse las festividades: 1963, por la muerte de Domingo Velásquez, y en 1970, por la muerte de Luis Ramón Gómez. Personas muy queridas en la comunidad

Santa Rosa de Lima nació en Lima, Perú, el 20 de abril de 1586 y falleció en la misma ciudad el 24 de agosto de 1617. Había sido bautizada como Isabel Flores de Oliva. Es la primera santa de América.

En su Confirmación, en 1597, tomó el nombre de Rosa, porque, cuando niña, su cara había sido vista transformada por una rosa mística.

En Villa Rosa, las fiestas eran organizadas por los directivos de la línea de transporte colectivo "Santa Rosa" y la misa del 30 de agosto, Día de la Patrona, es celebrada en su nombre. En horas de la tarde se lleva a cabo la procesión.

La imagen fue traída por el sacerdote Argimiro Bonilla, el primero de la localidad.

La iglesia data de la época en la cual Virgilio Ávila Vivas ocupó la gobernación del Estado Nueva Esparta y la hizo construir en 1976.

Fuentes

Informantes claves Pablo Velásquez y Margot Velásquez.

Programas.

Verni Salazar. Sol de Margarita, 28 de agosto de 2015.

San Sebastián

Con la traída a Margarita de Guipuzcoanos por el teniente de gobernador Miguel Maza Belisana se introdujo en Tacarigua el culto a San Sebastián, patrono de la localidad del mismo nombre del Municipio Gómez, cuyas festividades se celebran del 11 al 26 de enero, de acuerdo con el siguiente programa, correspondiente a 1992:

11/1. Traslado de la sagrada imagen del patrono a la carroza e inicio de la novena. Santo Rosario.

12/l. Celebración de la Santa Misa. Segundo día de la Novena por devotos de la Calle Unión.

13/1. Tercer día de la Novena, a cargo de los feligreses de la calle San Antonio.

14/1. Cuarto día de la Novena por feligreses correspondiente de la calle Independencia.

15/1: Quinto día de la Novena, bajo la responsabilidad de los devotos de las calles San Sebastián y Pueblo Nuevo.

16/1. Sexto día de la Novena, correspondiente a la feligresía de la Calle Aurora.

17/1.Séptimo día de la Novena por devotos de las calles El Pilar y Hernán Malaver.

18/1. Octavo día de la Novena por la Legión de María. Charla prebautismal. Repique de campanas. Fuegos artificiales. Paseo de música

19 /1. Repique de campanas. Fuegos artificiales. Paseo de música. Santa Misa. Santo Rosario, Sermón, y Salve:

20/1. Día de San Sebastián. Repique de campanas. Fuegos artificiales. Paseo de música. Santa Misa oficiada por el obispo diocesano. Celebración del Sacramento del Bautismo. Procesión por las calles Pueblo Nuevo, El Pilar y San Sebastián. De regreso al templo, canto de la Salve por los devotos:

24 /1. Inicio de las festividades octavarias. Repique de campanas. Fuegos artificiales y paseo de música.

25/1. Repique de campanas, fuegos artificiales, paseo de música, Santo Rosario, Sermón y Salve.

26/J. Octava. Repique de campanas, paseo de música, Santa Misa y procesión por las calles Aurora, San Antonio, Unión, Hernán Malaver e Independencia.

Hasta finales del siglo XIX no tuvo capilla San Sebastián, por lo cual los fieles decidieron construírsela en Tacarigua Afuera. La imagen del patrono era conservada por la familia Guzmán, sostenedora de su culto.

Hubo en Tacarigua -relata José Joaquín Salazar Franco- una división en el pueblo por la escogencia del terreno. Un grupo, encabezado por Miguel Romero, quería que la hicieran donde está la capilla; otro grupo, encabezado por José Silvestre Guzmán, le gustaba el sitio donde está ahorita la Casa de la Cultura. Pero triunfó la gente de Miguel Romero y fue derrotado el grupo de Guzmán, que tenía el santo, y en retaliación se lo llevó para Tacarigua Adentro, haciendo ver que se había perdido. Aquí también comenzaron a hacer capilla, pero no se decía para qué santo y se creó cisma entre los dos pueblos bastante grande, donde los de Arriba señalaban que si a San Sebastián lo metían en la capilla de Abajo iban y lo sacaban, y los de Abajo decían que si los de Arriba se atrevían a irse para Abajo iba a haber matazones: Tan grande sería esta cosa que monseñor Durán, obispo de Guayana, diócesis de la que dependía Margarita, se movió a venir hasta la isla a tratar de calmar a su feligresía que estaba soliviantada e hizo ver que había hecho una confesión casa por casa y no había sabido dónde estaba el santo, pero como la capilla de acá estaba terminada le iba a regalar un santo que tenía en su oratorio, que sabía les gustaría. Era el Sagrado Corazón de Jesús. Algunos viejos le dijeron a monseñor Durán que si les gustaba lo recibirían; y si no, por donde mismo vino se iba: ¡Más tarde un vapor que arribó a Juangriego trajo la imagen y allí! fue el pueblo a buscarla. Un viejo llamado Rudecindo Núñez, que había llevado una coa, al abrir la caja contentiva de la imagen y observarla exclamó: ¡Qué carajo de San Sebastián! Si esto es muy bonito. ¡Que se queden con su San Sebastián! Dicen que ese fue el primer milagro del Corazón de Jesús. Lo bajaron en procesión hasta Tacarigua. Los de allá metieron su santo en la capilla que hicieron allá Abajo, y los de acá Arriba metieron su Coraz6n de Jesús en la suya. Así fue como San Sebastián se quedó definitivamente en Tacarigua Adentro, en su propia capilla, construida a finales del siglo XIX. Se veneraba en un cuadro enmarcado en madera que tenía la familia Guzmán desde época remota, traído de España. Esta familia fue recogiendo y solicitaron los servicios de José del Carmen Campos, un tallador de La Asunción que había tallado algunos santos que se encontraban en la iglesia matriz de esta ciudad, a quien le pidieron que tallara un San Sebastián, obra que realizó con tronco encontrado en las playas de Guacuco, proveniente de costa firme.

El santo está hecho por piezas y ensamblado. Los conocedores de arte dicen que está mejor representada que la de bulto.

¿Cuál?

En 1012 Carlos Lista y otras personas de Tacarigua encargaron una imagen de bulto y la trajeron, que es el actual San Sebastián que se venera.

De la organización de las festividades se encarga una Junta Directiva.

Fuentes

Informante Clave José Joaquín Salazar Franco.

Programa 1992.

Santísimo Cristo de La Fuente

Las festividades en honor al santo patrono de La Fuente, localidad del Municipio Antolín del Campo, tienen lugar del 15 al 17 de mayo y de su organización se encarga la Hermandad del Santísimo Cristo, presidida en 1992 por Eloína de Farías, y la Junta Pro-Festejos, que presidía ese año Loreto Gómez.

Conviene indicar que el 3 de mayo, Día del Santísimo Cristo, se efectúa la Misa de las Hermanas de Cristo, y el 4, la Misa de las hermanas difuntas.

Estas fiestas habían sido suspendidas por la feligresía en 1981, reiniciándose en 1992, con la participación del ya inexistente Fondo para el Desarrollo del Estado Nueva Esparta, que se conoció por sus siglas FONDENE.

El sábado 16 se rezó el Santo Rosario, luego fue oficiada la Salve Solemne con sermón y cánticos.

El domingo 17 hubo misa y la solemnidad de la procesión.

La Hermandad encargada de realizar la parte religiosa fue fundada por Amelia Arismendi.

La imagen fue encontrada en El Cerro en la época colonial.

Antes las festividades se llevaban a cabo en una pequeña capilla.

La iglesia, de estilo arquitectónico moderno, fue inaugurada el 30 de mayo de 1987.

Al reiniciarse las festividades, el recorrido de la procesión incluyó El Cerro. En los años siguientes incluyeron otros sectores, según la costumbre local.

No hay celebraciones octavarias.

Fuente

Informante Clave Eloína de Farías.

Sagrado Corazón de Jesús

Dos comunidades neoespartanas tienen como patrono el Sagrado Corazón de Jesús, una en Margarita, Tacarigua, y otra en la Isla de Coche, El Guamache.

Es una fiesta movible en el santoral católico. Se celebra en Tacarigua, capital de la Parroquia Guevara, Municipio Gómez. La programación religiosa es complementada con actividades deportivas y culturales.

En 1991 el Día del Sagrado Corazón de Jesús cayó el 7 de junio: en 1999, el 11 de junio; en 2001, el 22 de junio, y en 2002, nuevamente el 7 de junio.

La fue incorporada a la comunidad católica en 1894 por monseñor José María Durán como fórmula para dirimir un grave conflicto de feligreses de San Sebastián de Tacarigua Adentro y Tacarigua Afuera.

En el principio existieron dos juntas profestejos, la de Hermanos, que se encargaba de las festividades del Día, y la de Mayordomos, que organizaba las de la Octava.

En 2002, el párroco de Santa Ana del Norte designaba un Comité Coordinador, integrado el referido año por Jesús Gil Millán, Jesús Ramón Rivero y Nelson Caraballo. La Comisión de Cultura y Deportes fue coordinada por Luzminia Fuentes de Ávila.

La primera capilla local fue de bahareque, construida entre los años 1890 y 1894, cuando se concluyó. La iglesia que la sustituyó ha sido restaurada varias veces.

El programa religioso correspondiente a 2002 contempló:

-29/5. Traslado de la sagrada imagen a la carroza. Inicio de la Novena. Repique de campanas.

5/6. Charla prebautismal, confesiones y paseo de música.

6/6. Fuegos artificiales, paseo de música, repique de campanas, Santo Rosario, Sermón y Salve.

7/6. Día dedicado a honrar de una manera especial al Sagrado Corazón de Jesús. Santa Misa Solemne. Bautismos y procesión a las 5,30, p.m.

14/6. Actividades octavarias. Repique de campanas y paseo de música.

15/6. Repique de campanas, fuegos artificiales, paseo de música, Santo Rosario y Sermón.

16/6. Repique de campanas. Fuegos artificiales, paseo de música, Santa Misa Solemne y procesión a las 5,00 pm.

23/6. Santa Misa y subida de la sagrada imagen a su camerín.

Cabe destacar que la programación religiosa siempre es la misma y en este caso particular sólo cambia la fecha cuando se desarrolla el ciclo.

El programa no religioso cambia anualmente, porque los organizadores tratan de que cada vez sea mejor. Tiene ingredientes culturales y deportivos. En 1991, por ejemplo, hubo un Festival de Galerón, la actuación de prestigiosos grupos musicales margariteños, presentación de mariachis, bailes populares, retreta de la Banda Oficial "Francisco Esteban Gómez", III Clásico Ciclístico Sagrado Corazón de Jesús, Quema de Judas, maratones, concierto de la Orquesta Típica Regional, Feria Campesina, danzas tradicionales y marionetas.

Ese año el programa radial "Margarita, Siempre Margarita" fue transmitido en vivo desde la localidad.

Fuentes

Rodulfo González. Manifestaciones Culturales Populares del Municipio Gómez. Porlamar, Editorial Pontevedra, 2005.

Informante clave José Joaquín Salazar Franco.

Programas.

En El Guamache, Municipio Villalba, el ciclo festivo se extiende desde el 14 al 24 de agosto.

El programa desarrollado en 1992 fue el siguiente:

14/8. Alegre despertar con música, repique de campanas y fuegos artificiales para anunciar el inicio de las festividades. Comienzo de la Novena. Santo Rosario en familia. Santa Misa.

15 al 17/8. Repique de campanas, música, fuegos artificiales, Novena, Santa Misa y Santo Rosario en familia.

18 al 20/8. Charla a los niños de Primera Comunión. Santo Rosario en familia, Novena y Santa Misa. Charla pre-bautismal.

21/8. Confesión de adultos y niños. Santo Rosario y Santa Misa. Bailes populares,

22/8. Alegre despertar con música y fuegos artificiales. Actos culturales coordinados por el Centro Social, Cultural y Deportivo "El Guamache". Novena. Santo Rosario en familia, Santa Misa y Salve Solemne.

23/8. Día dedicado al santo patrono. Alegre despertar con música, repique de campanas y fuegos artificiales. Santa Misa Solemne de la directiva de las festividades en honor al Sagrado Corazón de Jesús. Primera Comunión de un grupo de niños de la localidad. Bautizos. Solemne procesión desde las 5:00 pm por las calles del pueblo. Fuegos artificiales. Agarre la Vaca Pedro y Orlando

San Lorenzo

El Maco, Municipio Gómez, y San Lorenzo, Municipio Maneiro, tienen como patrono a San Lorenzo Mártir, cuyo día en el santoral católico se conmemora el 10 de agosto.

De él se lee en Wikipedia, la enciclopedia libre:

San Lorenzo, en latín Laurentius ('laureado'), fue uno de los siete diáconos regionarios de Roma, ciudad donde fue martirizado en una parrilla el 10 de agosto de 258, cuatro días después del martirio del papa Sixto II. Su nombre se atestigua en los calendarios litúrgicos más antiguos: la Depositio martyrum del año 354 y el Martirologio jeronimiano del siglo V. Ambos especifican la ubicación de su sepultura en la vía Tiburtina, y el Martirologio jeronimiano lo califica de «archidiaconus», título que ya antes le había dado San Agustín, quien le dedicó uno de sus sermones (Sermón 302, de Sancto Laurentio). Por la misma época, el poeta latino

Prudencio le dedicó uno de los himnos de su Peristephanon, y León I el Magno una de sus homilías.

En la Comunidad de Madrid se encuentra el Monasterio de San Lorenzo del Escorial, construido por Felipe II para conmemorar la victoria de San Quintín el 10 de agosto de 1557, agradeciéndosela a la intercesión ante Dios del mártir san Lorenzo. Para ello, hizo construir el monasterio con forma de parrilla, por haber sido el instrumento de su martirio. El rey mandó reunir en El Escorial un considerable número de reliquias que se encontraban dispersas por todo Europa para su veneración; entre ellas estuvieron la cabeza de San Lorenzo, su pie derecho, varios de sus huesos y restos del lienzo en que fue envuelto y de la parrilla donde fue martirizado.

Yo tuve la feliz oportunidad de visitar ese monasterio.

En la localidad de San Lorenzo las festividades eran organizadas en 1992, cuando la visité para recolectar datos sobre las mismas, por la Asociación de Vecinos, institución ya inexistente en 2018 que introdujo la devoción en 1989 durante la presidencia de Efraín Colina, por considerar una injusticia que llevando la localidad su nombre no se le rindiera homenaje.

En tal sentido indagó sobre la vida del mártir y lo que conoció lo vertió en el programa que anualmente se imprime para repartirse entre los feligreses.

La imagen original, una talla en madera, fue creada ese mismo año por un artista popular local de nombre Morocho Aguilera; la segunda, de yeso, data de 1992 y al parecer la elaboraron en El Cercado durante la presidencia de Víctor Guerra.

Los actos religiosos se llevan a cabo desde 1992 en la capilla local, cuya construcción fue proyectada por el alcalde de entonces Manuel Jesús Ávila, pero iniciada y concluida durante la gestión interina de Jesús Jiménez, quien la inauguró el 17 de enero de ese año. La programación se extiende del 6 al 10 de agosto, Día de San Lorenzo, cuando la imagen sagrada se saca en procesión.

Además de la tradicional parte religiosa de las festividades (Misa, Santo Rosario, procesión) se realizan bailes populares.

En la etapa que va de loa años 1989 a 1991, que coincide con la inexistencia en la localidad de una edificaci6n religiosa, rigió la siguiente programación:

3/8. Solemne traslado de la imagen de San Lorenzo basta la iglesia del Santísimo Cristo del Buen Viaje, de Pampatar, a las cuatro de la tarde:

5/8. Santa Misa en la iglesia del Santísimo Cristo del Buen Viaje, a las ocho de la mañana, y peregrinación con la sagrada imagen, dos horas después, hasta San. Lorenzo.

8/8. Noche Margariteña y paseo de música por lao calles del pueblo a partir de las siete de la noche

9/8. Rezo del Santo Rosario, fuegos artificiales y bailes populares, a partir de las siete de la noche.

10/8. Día de San Lorenzo. Fiesta infantil a las tres de la tarde. Solemne Misa a las cinco de la tarde: Procesión a las seis de la tarde. Fuegos artificiales a las ocho y medias de la noche y bailes populares media hora después.

11/8. Juegos infantiles y bailes populares, a partir de las tres de la tarde.

12/8. Santa Misa y Comunión a las diez de la mañana. Juegos infantiles a las diez de la mañana y bailes populares a la una de la tarde.

En El Maco el proceso de organización de las festividades se encargan la Hermandad de San Lorenzo, presidida en 1992 por Rosela Domínguez Salazar, y una Junta Directiva presidida ese mismo año por Miguel Rojas.

La sagrada Imagen fue donada por Julia Cardona y hasta la construcción de la capillita en medio del pueblo permaneció en la casa de Pablo Marcial Rivero.

El 8 de agosto de 1991 tuvo lugar el I Reencuentro de los nativos de la localidad residentes en tierra firme y otras partes de Margarita:

En 1992 rigió el siguiente programa:

8/8. Charla pre-bautismal para padres y padrinos.

9/8. Confesiones, Santo Rosario, Sermón y Salve:

10/8. Día de San Lorenzo. Misa Solemne; Celebraci6n del Sacramento del Bautismo: Procesión.

Esta programación religiosa fue complementada con fuegos artificiales, paseo musical y la actuación de un grupo de danzas.

Fuentes

Informantes claves Yolanda Carrión de Guerra y Efraín Colina.

Programas.

San Onofre

Patrono del sector Camoruco de La Asunción. Sus festividades se celebran desde el 3 hasta el 18 de junio de, con énfasis el 12, Día de San Onofre.

De él se lee en Wikipedia, la enciclopedia libre:

Al parecer San Onofre fue hijo de un rey egipciaco o abisinio y que vivió en el siglo IV. El diablo logró que su progenitor lo entregara a las llamas como prueba de si era hijo de una relación adulterina de la reina, prueba de la que resultó ileso.

Ya de niño entró en un convento de la Tebaida egipciaca (monjes que vivían en el desierto). De adulto abandonó el cenobio y marchó a vivir de ermitaño. La tradición relata que una luminaria le acompañó en el itinerario hacia lo que sería su ermita. Solo comía dátiles y agua. Como vestimenta únicamente poseía sus propios cabellos y hojas de palma o hierbas del desierto entretejidas. Un ángel le daba pan y vino a diario y los domingos también la comunión. Sobrevivió de esta forma durante 60 años.

Pafnucio fue discípulo suyo y en una de sus visitas a los eremitas, lo encontró en un estado deplorable de salud con su cuerpo deformado, barba canosa y cabellos de gran longitud; le hizo compañía hasta que falleció a las pocas horas para, después, relatar cómo era este titán de la penitencia encarado con los pecados del orbe. Pafnucio puso por escrito la vida y obras de san Onofre.

La tradición añade que cuando murió un coro angélico le rindió honores y alabanzas.

De su organización se encarga una Comisión presidida en 1992 por Jesús E. Marcano Lárez y en 1994 por Arévalo Marcano Marcano.

El contenido religioso es siempre el mismo: Bajada de la imagen de bulto de su nicho y colocación en el mesón donde saldrá en procesión por las distintas calles de la localidad,

Santo Rosario, Novenario cada día en un sector diferente, Misa Solemne, procesión y subida al nicho donde permanecerá el santo patrono todo el año.

Los eventos no religiosos celebrados en 1992 fueron fuegos artificiales, charlas sobre diversos temas a cargo de Luis López Villarroel, Alberto Santana Medina, Jesús Indriago Campos y Evaristo Frontado Fuentes; fuegos artificiales, Encuentro Cultural de la Dirección de Cultura del Estado, actuación de la Banda "Don Lino Gutiérrez", Serenata Insular, Escuela de Galerón "Francisco Chico Marín", Agrupación Cultural "Libertad", Danzas "Brisas de Matasiete", "Danzas Nueva Esparta", "Danzas Buenos Aires", Orfeón Nueva Esparta, presencia de FONDENE con su espectáculo Costumbres y Tradiciones Insulares, paseo musical, Canto de Galerón denominado "Un Canto a San Onofre" y la Orquesta Típica Regional y bailes populares.

La parte no religiosa en 1994 comprendió un ciclo de charlas con diferentes conferenciantes, retreta de gala a cargo de la Banda "Don Lino Gutiérrez", actuación de la Estudiantina Arquímedes Rodríguez, Grupo de danzas de La Vecindad y sus diversiones, Danzas y Diversiones de Las Cabreras, Galerón Infantil transmitido por Radio Margarita, Danzas Sovuba, Grupo Isla de Coche, concierto de la Coral Magisterial, Banda Show de San José de Paraguachí, Canto a San Onofre con los mejores exponentes del galerón oriental, Grupo Cachapa, Grupo Chacopata, Grupo Laguna y Manglar, El Hombre Orquesta, Danzas Oriente, Tierra y Folklore de Chacopata, Danzas Virgen del Valle, Grupo Brisas Marinas, Banda Show Santiago Mariño, Orquestas de la Comandancia de Policía, y Banda Show y Danzas Juan de Castellano; paseo de música con las agrupaciones La Chovenca, Antaños de Oriente, Tírame Algo, El Perro y Trastornao; fiesta para la chiquillería, bailes populares y tómbola.

Fuentes

Wikipedia, la enciclopedia libre.
Programas 1992 y 1994.

Santísimo Cristo de la Galera

El tercer domingo de mayo es el acto central de las festividades en honor al patrono de La Galera, Municipio Marcano.

Ese día, a las diez de la mañana, hay un paseo de música. Una hora después se realiza la Misa de Acción de Gracias, los bautizos y las comuniones.

De cinco a seis de la tarde es la procesión con cargadores del Santísimo Cristo de Pampatar.

En la antevíspera (viernes) se realiza un paseo de música por las calles principales de los pueblos del Municipio Marcano, se celebran bailes públicos, eventos deportivos y actos culturales.

En la víspera (sábado) se efectúa el tradicional paseo musical por las calles del pueblo en horas de la mañana. A las ocho de la noche es la Salve, concluida la cual hay presentaciones folklóricas y bailes populares.

No siempre celebran la Octava, pues todo depende de los recursos disponibles, aportados en su mayoría por los pescadores, quienes en el mar le rezan una plegaria al Santísimo Cristo para que la pesca sea abundante.

Esas festividades se iniciaron en 1951, coincidiendo con la ampliación del poblado por parte del entonces gobernador Heraclio Narváez

Alfonzo, quien también construyó la capilla e hizo donación de la sagrada imagen patronal.

De la primera Junta Directiva formaron parte Ambrosio Acosta, José Ramón Velásquez, Delfín Gutiérrez y Jesús Camejo. En 1992 Wenceslao Acosta tenía 24 años presidiéndola, con Antonio Subero como vicepresidente.

Las festividades no se llevan a cabo el 3 de mayo para que no coincidan con las del Santísimo Cristo del Buen Viaje. Puede ocurrir, empero, que, por razones de fuerza mayor, como la muerte de una persona en la localidad, las fiestas se celebren en junio. Así ocurrió en 1983, cuando comenzaron el 4 de junio y concluyeron el domingo 12 de ese mes.

La actividad inicial fue un Bingo Bailable para recaudar los fondos económicos que permitieran financiar las fiestas.

Fuente

Informante Clave Wenceslao Acosta.

Nuestra Señora María Natividad

El sector Pueblo Nuevo de Porlamar sirve de escenario geográfico para la celebración de las festividades, esencialmente religiosas, en honor a Nuestra Señora María Natividad, las cuales tienen lugar entre el 15 de agosto, Día de la Asunción de la Virgen, y el 15 de septiembre, Día de Nuestra Señora de los Dolores.

La Hermandad María Natividad, asesorada en 1992 por sor Victoria González, es la responsable de la organización y desarrollo del programa de actividades, aunque para la fecha la Alcaldía de Mariño prestaba colaboración en la parte cultural mediante la presentación de eventos artísticos de carácter musical en la Plaza del Periodista, donde en 1991 hubo fuegos artificiales, rezo del Santo Rosario Bíblico, Iluminado y Novena.

La imagen es creación del artista Osby Guilarte, cuando tenía 11 años.

La hermana Ana Joaquina Acosta que éste, a la edad de 22 años, se hizo seminarista.

También en 1991 se llevó a efecto el 7 de septiembre la Vigilia de Fiesta con rezo, despliegue de fuegos artificiales y quema de la tradicional palma, así como el estreno del vestido que donara a la sagrada imagen la devota Carolina Becerrit.

El 8 de septiembre, Día de la Natividad de María, se realizó una concentración de fieles, a las ocho de la mañana, en la Plaza del Periodista, la cual partió con el estandarte de la virgen hasta la iglesia San Nicolás de Bari.

A las 9,30 am se efectuó la Solemne Eucaristía y primeras comuniones.

Al regreso de los fieles al lugar de partida, hubo juegos tradicionales y piñatas para los niños del sector.

A las siete de la noche salió la santa imagen en procesión escoltada por su Hermandad y el pueblo devoto.

Entre el 14 y el 15 del mismo mes se realizaron las fiestas octavarias.

Esta devoción comenzó entre los años 1983 o 1984.

Fuente

Hermana Ana Joaquina Acosta.

San Nicolás de Bari

Las festividades en honor a San Nicolás de Bari se celebran en Porlamar entre el 27 de noviembre y el 8 de diciembre. Son esencialmente religiosas.

De su organización se encarga la cofradía homónima, presidida en 1992 por Lorenzo César Ramos Díaz.

El programa desarrollado ese año fue el siguiente:

27/11. Misa a las 7 am y 7 pm. A las 12 m, después del toque de oración del Ángelus, repique de campanas para anunciar el inicio de las festividades. Inicio del Novenario con el rezo del Santo Rosario a las 6,30 pm.

Este evento religioso, para darle mayor participación a los devotos, se desarrolló cada día en dos o tres calles.

El último día del Novenario, en las calles Fraternidad, Fajardo y El Colegio, se rezó el Santo Rosario y se efectuó una misa. Igualmente fue cantada la Salve y se dio a besar la reliquia del santo patrono.

5/12. Día de San Nicolás de Bari. A las 6 am, toque de la oración del Ángelus, repique de campanas y música sagrada con el pasacalle para disponerse a vivir un día de santa alegría. Misa con homilía a la 7 y10 de la mañana dicha por los padres carmelitas la misa concelebrada fue oficiada por el entonces obispo de la diócesis de Margarita, monseñor César Ramón Ortega, acompañado por sacerdotes invitados.

Los cánticos estuvieron a cargo del Coro Parroquial acompañado por toda la asamblea asistente.

Estos actos fueron transmitidos al exterior del templo por Radio "Nueva Esparta".

Luego de la misa solemnizada con cantos y sermón tuvo lugar la procesión por el recorrido habitual, procediéndose en el marco de esta a la bendición del mar y de los enfermos del Hospital "Luis Ortega" y la Clínica "Margarita".

7/12. Solemne celebración del sacramento de la confirmación.

Respeto a estos actos hay que señalar que hasta 1975 se celebró la Octava, ocupándose de ese evento el Círculo Obrero.

Este lo proporcionó Luis Beltrán López, informante clave, añadiendo que había dos imágenes de San Nicolás de Bari, la original, probablemente de la época colonial, que se conserva en su nicho, y otra adquirida durante la gestión parroquial del sacerdote Juan Vilá, que es la que sale en procesión.

La actual iglesia fue bendecida en abril de 1955 por monseñor Crisanto Mata Cova, pues la primitiva fue destruida en 1555 por piratas francés, según afirma el profesor Jesús Manuel Subero en su libro Porlamar Glosa para la Historia de una Ciudad Marina.

La cupulita fue hecha instalar por el arquitecto José Fontúrvel, días antes de hacer entrega de la Gobernación a su sucesor, Pedro Luis Briceño, en marzo de 1979. Para colocarla se empleó un helicóptero.

La Parroquia San Nicolás de Bari fue creada en 1766.

Del patrono se lee en Wikipedia, la enciclopedia libre:

San Nicolás, también conocido como San Nicolás de Myra (en Oriente, por su lugar de fallecimiento) o San Nicolás de Bari (en Occidente, por el lugar donde fueron trasladados sus restos) fue un obispo que vivió en el siglo IV. Más de dos mil templos están dedicados a él en todo el mundo.

En Oriente lo llaman Nicolás de Mira, por la ciudad donde estuvo de obispo, pero en

Occidente se le llama Nicolás de Bari, porque cuando los musulmanes conquistaron Anatolia, un grupo de cristianos sacó de allí en secreto las reliquias del santo y se las llevó a la ciudad de Bari, en Italia. En esa ciudad se le adjudicaron tan admirables milagros al rezarle a este gran santo, que su culto llegó a ser sumamente popular en toda Europa. Es Patrono de Rusia, de Grecia y de Turquía. En Roma ya en el año 550 le habían construido un templo en su honor.

Su nombre es notable también fuera del mundo cristiano porque su figura ha dado origen al mito de Santa Claus (o Klaus), conocido también como Papá Noel.

Fuentes

Informante Clave Luis Beltrán López.
Programa
Wikipedia, la enciclopedia libre.

La Epifanía del Señor

La Epifanía del Señor se celebra en la iglesia de parroquia homónima de Porlamar el 5 o el 6 de enero de cada año, según la fecha que señale el santoral católico.

Las fiestas son puramente religiosas.

En 1992 recayó el 5 de enero.

Ésta fue lo programación:

2/1. Confesiones. Santo Rosario a cargo de los Cursillistas de Cristiandad. Santa Misa con predicación.

3/1. Confesiones. Santo Rosario a cargo de la juventud de la parroquia. Santa Misa con predicación. Bendición con el Santísimo Sacramento.

4/1. Repique de campanas. Ángelus. Bautismos. Confirmaciones. Santo Rosario a cargo de los Praesidia de la Legión de María. Santa Misa con predicación. Salve Solemne.

5/1. Solemnidad de la Epifanía del Señor. Repique de campanas. Santa Misa. Solemne concelebración de la Eucaristía, presidida por el entonces obispo de la Diócesis de Margarita, monseñor César Ramón Ortega Herrera.

La iglesia, estilo moderno, fue construida por el ingeniero José Luis Bruzual.

Fuente

Programa 1992.

Nuestra Señora de Fátima

Nuestra Señora de Fátima es patrona de la población de Los Bagres, Municipio Díaz, y de la urbanización La Arboleda, Municipio Mariño.

La sagrada imagen de la primera localidad fue donada por Emilia Marcano de Marcano, y hasta la construcción de la iglesia durante la gestión del gobernador Bernardo en 1972 permaneció en el hogar de Gloria Fuentes de Guevara.

Ese año se efectuaron las festividades patronales por primera vez, encargándose de organizarla una Junta Directiva que presidió la donante.

La programación, exclusivamente religiosa hasta 1992 cuando realicé la investigación de campo, constaba del rezo del Santo Rosario y la Novena del 4 al 12 de mayo. Este último día, fin del Novenario, había también confesiones y charla pre-bautismal.

El 13, Día de Nuestra Señora de Fátima, se efectuaron bautismos, Misa Solemne y procesión por las calles de la localidad, a partir de las 6:00 pm.

En La Arboleda las festividades tienen carácter religioso, desde el 11 al 14 de mayo.

La sagrada imagen fue adquirida en Mérida.

Éste fue la programación de 2001:

11/05. Charla prebautismal. Confesiones. Vigilia de oración.

12/05. Confesiones. Eucaristía. Santo Rosario meditado, Prédica, Canto de Salve y Letanías.

13/05. Día de Nuestra Señora de Fátima. Confesiones. Santo Rosario. Solemne Eucaristía. Bautismos. Canto de Salve. Procesión a las 5:00 pm.

14/05. Hora Santa por las vocaciones sacerdotales y religiosas. Bendición Eucarística. Santo Rosario en Familia dirigido por el Movimiento de Cursillos de Cristiandad.

15/05. Santo Rosario. Celebración Eucarística.

La Virgen de Fátima —formalmente Nuestra Señora del Rosario de Fátima, se lee en Wikipedia, la enciclopedia libre— es una advocación con que se venera en el catolicismo a la Virgen María. En la misma línea que otras apariciones marianas, tuvo su origen en los testimonios de tres pastores, llamados Lucía dos Santos, Jacinta y Francisco Marto, quienes afirmaron haber presenciado varias apariciones marianas en la Cova da Iria, Fátima, en Portugal, entre el 13 de mayo y el 13 de octubre de 1917.A partir de entonces, esta advocación mariana extendió su fama más allá de sus límites locales llegando a todo el mundo.

Su principal lugar de culto es el santuario de Fátima, ubicado en la ciudad del mismo nombre en el municipio de Ourém. Considerado uno de los centros de peregrinación católica más importantes del mundo.

Fuentes

Informante Clave Gloria Fuentes de Velásquez.
Programas 1992 y 2001.
Wikipedia, la enciclopedia libre.

Virgen de Coromoto

En Margarita la Virgen de Coromoto es patrona de La Isleta, Municipio García, y de San Francisco, Municipio Península de Macanao.

En la primera localidad tradicionalmente sus festividades se celebran los viernes, sábado y domingo de la segunda semana de agosto.

Una semana antes de las celebraciones se efectúan competencias de bolas criollas y softbol y el último día hay de ciclismo y maratón.

En 1992 rigió el siguiente ciclo festivo:

Viernes 14. Santo Rosario y Gala Gimnástica. Fuegos artificiales y repique de campanas.

Sábado 15. Día de la patrona. Repique de campanas y fuegos artificiales. Misa Solemne. Procesión a partir de las 6:00 pm. Actuación del

Grupo de Danzas "El Piache" y el conjunto musical "Cuerdas Espartanas".

Domingo 15. Fin de las festividades con bailes populares y la actuación de la Banda Show "Santiago Mariño" y Danzas "Porlamar".

Las fiestas son organizadas por una Junta Patronal presidida ese año por Wilfredo Antón.

Su veneración fue introducida en la localidad por Juan Marcano, por intermedio de una estampa que todavía se conserva en la pequeña iglesia construida durante la gestión del gobernador Heraclio Narváez Alfonzo y ampliada en el curso del mandato del mandatario regional Pedro Luis Briceño y el ejercicio del alcalde del Municipio García, Arsenio Rodríguez.

Las fiestas se celebraban antes en un caney. Posteriormente un joven de Guanare, Estado Portuguesa, que estudiaba en Margarita hizo donación de la imagen de bulto.

La no celebración de las festividades el 11 de septiembre, Día de la Virgen de Coromoto, se debe a su cercanía temporal a la Octava de las fiestas de la Virgen del Valle.

Respecto a las festividades en San Francisco señala Heraclio Narváez en el libro Visión Geohistórica del Estado Nueva Esparta (Porlamar, 2005, Editorial Pontevedra, C.A.) revela que su imagen de bulto llegó a la localidad el 16 de diciembre de 1947 en el jeep de su donante, el maestro Antonio Villarroel, cumpliendo así con el ofrecimiento que le hiciera a los padres, representantes y alumnos de la escuela homónima.

Durante muchos años se celebraron las festividades, que son de índole religiosa y no religiosa, el 16 de septiembre, hasta que comenzaron a hacerse el 11 de septiembre día consagrado a la Virgen de Coromoto, en fecha no precisada.

Esta advocación de la Virgen María se le apareció en Guanare al cacique Coromoto y a su mujer en 1652. Es Patrona de Venezuela desde el 26 de junio de 2011, por disposición del Cardenal Jorge Urosa Savino.

Esta Santa Imagen de bulto que mide 2,5 centímetros de alto por 2 centímetros de ancho y está expuesta para su veneración en la Basílica Menor Santuario Nacional de Nuestra Señora de Coromoto, construida en el sitio de la segunda aparición.

Fuentes

Programas.

Visión Geohistórica del Estado Nueva Esparta, Porlamar, 2005, Editorial Pontevedra, C.A.

Wikipedia, la enciclopedia libre.

Divino Niño

La localidad de Conuco Viejo, Municipio García, es el espacio geográfico donde se celebran las fiestas en honor al Divino Niño, desde el 6 hasta el 30 de diciembre.

En 2006 la celebración se inició con un repique de campanas a las 5:00 am y un recorrido musical a cargo de la banda Juan Bautista Navarro.

A las 5:30 pm de ese mismo día se dio inicio al Novenario, seguida de la Santa Misa y la develación del Divino Niño en su trono navideño y el encendido de luces, luego de lo cual se llevó a cabo un acto cultural.

El Novenario se efectuó cada día en una calle diferente.

El 22/12 fue en la calle Don Diego. A las 8:30 am se celebraron también confesiones.

El 23/12 comenzó el Santo Rosario y se celebraron la Eucaristía y primeras comuniones.

El 24/12 tuvo lugar el pesebre viviente.

El 25/12 se efectuaron el Santo Rosario, Misa de Navidad y un agasajo a los niños.

27/12. Salve de las fiestas patronales.

28/12. Santo Rosario, Misa Solemne, bendición de los niños y procesión de luces.

29/12. Charla prebautismal.

30/12. Bautizos en la capilla de Cruz del Pastel. Santo Rosario y Santa Misa.

Fuente

Diario del Caribe, 27 de diciembre de 2006.

La Divina Pastora

Sus festividades se celebran en Macho Muerto, Municipio Mariño, del 13 al 14 de enero, Día de La Divina Pastora.

La programación de 2017 fue así:

-13/1. Rezo del Santo Rosario.

14/1. Santa Misa y a las cuatro de la tarde se llevó a cabo la procesión por las diferentes calles de la localidad.

Posteriormente se efectuaron actividades culturales y deportivas por parte de la Alcaldía del Municipio Mariño.

Cabe destacar que durante mucho tiempo la feligresía se opuso a que La Divina Pastora fuera la patrona local pues querían al Siervo de Dios como patrono, lo cual la iglesia no permitió porque éste no aparecía en el santoral católico debido a su no beatificación, primera jerarquía antes de convertirse en santo.

Fuentes

Sol de Margarita, 12 de enero de 2017.

Investigación de campo.

Santa Ana

Las festividades en honor a Santa Ana, que da nombre a la ciudad donde se celebran, capital del Municipio Gómez, y sede de la parroquia eclesiástica homónima, creada en 1695, tienen lugar del 17 de julio, cuando es bajada la sagrada de su nicho y puesta en la carroza donde saldrá en procesión, hasta una fecha no fija de agosto.

En los programas examinados han culminado el 4, 9 y el 12. En esas fechas la imagen de bulto de la santa patrona ha regresado a su nicho.

El templo parroquial, cuya construcción debió iniciarse en 1743 (Gloria Brito y Dalila de Rojas. Patrimonio Histórico del Estado Nueva

Esparta) fue escenario, el 6 de mayo de 1816, del nacimiento de la Tercera República. Se desconoce cuándo fue concluida, así como también la fecha de incorporación de Santa Ana al patrimonio espiritual local, aunque suponemos que debió haber sido a partir de la fecha de fundación del poblado, puesto bajo su advocación y bautizándolo con su nombre. Ha sido objeto de diversas restauraciones.

En mi libro Manifestaciones Culturales Populares del Municipio Gómez se lee:

La primera patrona de la hoy capital del Municipio Gómez no fue Santa Ana sino la Virgen de Guadalupe, pero no la que se le apareció al indio Juan Diego en diciembre de 1531. Se trata de la que veneran en el Santuario de la Virgen de Guadalupe en la Provincia de Cáceres, España, y cuando, como lo advierte don José Jesús Salazar, ´el pueblo primitivo estuvo situado al noroeste del actual´. Según Salazar, ´no es sino a principios del siglo XVII, concretamente en 1615, cuando el obispo de Puerto Rico, Fray Pedro de Solier, concede permiso para levantar la capilla en su honor.

La organización de las fiestas es responsabilidad de un Comité designado por el cura párroco, subdividido en comisiones de trabajo, cada una de las cuales tiene sus atribuciones.

Son ellas: Administración, Fuegos Artificiales, Música y Decoración de la Iglesia.

Las festividades tienen contenidos religiosos y no religiosos.

El programa religioso de 1992, que es igual cada año, se desarrolló así:

17/7. Bajada de la sagrada imagen de su camerín y colocación en la carroza donde saldrá en procesión el 26 de su julio, día de la patrona. Inicio del Novenario.

24/7. Charla pre-bautismal.

25/7. Santo Rosario, Sermón, Salve Solemne y Letanías.

26/7. Día de Santa Ana. Celebración de la misa a las 7,30 y 10,30 de la mañana y a las seis de la tarde. Bautismos y procesión por la calle El Bronce.

31/7. Charla pre-bautismal.

1/8. Bautismos, Santo Rosario, Sermón y Salve Solemne.

2/8. Octava. Misa a las 7,30 y 10,30 de la mañana y a las 6, 30 de la tarde. Procesión por la calle Libertador.

9/8. Misa a las 7,30 de la mañana y a las 6,30 de la tarde. Subida de la sagrada imagen al camerín.

En la parte no religiosa cabe destacar que desde 1990 la Alcaldía venía celebrando unas ferias que contribuían a imprimirle mayor entusiasmo y alegría a las festividades. En esa ocasión actuaban artistas de renombre nacional y regional.

A la par, había abundante actividad deportiva y cultural.

Esto se lee en Wikipedia, la enciclopedia libre:

La tradición cristiana dice que Santa Ana, casada con Joaquín, fue la madre de María y por tanto la abuela materna de Jesús de Nazaret. Ana es patrona de muchas ciudades en diversos países, así como patrona de las mujeres trabajadoras y de los mineros, pues se considera a Jesús el oro y María la plata.

Fuentes

Informante Clave Livia de Amparan.
Programas
Wikipedia, la enciclopedia libre.

El Autor

Eladio Rodulfo González, quien firma su obra en prosa o en verso con los dos apellidos, nació en el caserío Marabal, convertido después en parroquia homónima del Municipio  Mariño, Estado Sucre, Venezuela, del matrimonio constituido por Guzmán Rodulfo y Nicomedes González, quien falleció cuando éste era un niño de corta edad y a la cual no conoció ni en retrato. Fue criado por la segunda esposa de su padre, Martina Salazar. Su nacimiento se produjo el 18 de febrero de 1935. Es licenciado en Periodismo de la Universidad Central de Venezuela, trabajador social, poeta e investigador cultural.

Con su esposa, Briceida Moya, procreó a Gabriela Lucila, Juan Ramón, Gustavo Adolfo y Katiuska Alfonsina, llamados así en honor a los poetas Gabriela Mistral, Juan Ramón Jiménez, Gustado Adolfo Bécquer y Alfonsina Storni.

En los primeros años de su vida fue dependiente en la bodega del padre, obrero petrolero de la empresa Creole Petroleum Corporation en Lagunillas, Estado Zulia, localidad donde inició el bachillerato en el Colegio Santa Rosa de Lima, que continuó en los liceos Alcázar y Juan Vicente González y la Escuela Nacional de Trabajo Social, ambas instituciones situadas en Caracas. También fue cofundador de la División de Menores del extinto Cuerpo Técnico de Policía Judicial y de la Seccional Nueva Esparta del Colegio Nacional de Periodistas, donde integró el directorio en varias secretarías y además presidió el Instituto de Previsión Social del Periodista.

En la extinta Escuela de Periodismo de la Universidad Central de Venezuela, transformada en Escuela de Comunicación Social después, el 9 de octubre de 1969 obtuvo el título de licenciado en Periodismo. Más tarde realizó un posgrado en Administración Pública, mención Organización y Métodos, y un curso de Investigación de Investigación Cultural. Asimismo, hizo cursos policiales en Washington, D.C. y en Fort Bragg, Carolina del Norte.

Todo cuanto escribe, en prosa o verso, lo firma con sus dos apellidos, Rodulfo González.

Publica diariamente los Blogs: "Noticias de Nueva Esparta" y "Poemario de Eladio de Eladio Rodulfo González", Es miembro fundador del Colegio Nacional de Periodistas, Seccional Nueva Esparta. Pertenece a la Sociedad Venezolana de Arte Internacional.

En formato digital ha publicado los libros:

Poesía:
La Niña de Marabal
Poesía Política
Elegía a mi hermana Alcides
Cien Sonetillos
Mosaicos Líricos
Alegría y tristeza
Covacha de sueños
¡Cómo dueles, Venezuela!
Encuentros y desencuentros
Ofrenda lírica a Briceida
Antología de poemas comentados y destacados Partes I al IV
Guarumal
Brevedades líricas
Poemas disparatados
Investigación Cultural:
Dos localidades del Estado Sucre
El Municipio Marcano del Estado Nueva Esparta
Patrimonio Cultural Mariñense
Cristo en la devoción religiosa católica neoespartana
Festividades Patronales Mariñenses
La Quema de Judas en Venezuela
El Municipio Gómez del Estado Nueva Esparta
Festividades patronales del Municipio Antolín del Campo

La Virgen María en la devoción religiosa de Margarita y Coche
Festividades patronales del Municipio García del Estado Nueva Esparta, Venezuela
Festividades patronales del Estado Nueva Esparta
Nuestra Señora de Los Ángeles, patrona de Los Millanes
La Quema del Año Viejo en América Latina
La Quema de Judas en Venezuela, 2013-2014
La Quema de Judas en Venezuela 2015
Grandes compositores del bolero
Grandes intérpretes del bolero

Investigación Periodística:
Textos Periodísticos Escogidos 1 y 2
La libertad de prensa en Venezuela
Cuatro periodistas margariteños
La historia de Acción Democrática en tres reportajes periodísticos
La Hemeroteca Loca Tomos 1 al 7
La guerra del dictador Hugo Chávez contra comunicadores sociales y medios desde 2004 hasta 2012
La guerra del dictador Nicolás Maduro contra comunicadores sociales y medios desde 2013 hasta 2018
Catorce años de periodismo margariteño

Gobernadores contemporáneos del Estado Nueva Esparta.

En formato CD ha publicado:

La Libertad de Prensa en Latinoamérica y otros textos, Festividades Patronales Mariñenses, Elegía a mi Hermana Alcides, La Niña de El Samán, Marabal de Mis Amores, Festividades Patronales del Municipio Villalba y Festividades Patronales del Municipio Antolín del Campo.

Entre sus publicaciones en papel se cuentan:

Poesía:
Ofrenda Lírica a Briceida; Marabal de Mis Amores; La Niña de Marabal; Elegía a mi Hermana Alcides; Trípticos literarios A Briceida en Australia, Colorido, Elevación, Divagaciones y Nostalgias; Mis mejores Versos en Prosa; Incógnita; Mis mejores poemas en prosa; Añoranzas y otros poemas escogidos; Mosaicos Líricos; Entre Sueños, Cuitas a la Amada; ¡Cómo dueles, Venezuela!; Noche y otros poemas breves; Poemas Políticos escogidos; Sonetillos Escogidos; Alegría y Tristeza; Covacha de Sueños; Incógnita.

Investigación Cultural:

El Gallo en el Arte, la Literatura y la Cultura Popular; Pelea de Gallos, Patrimonio Cultural Mariñense; Festividades Patronales Mariñenses; Festividades Navideñas; Manifestaciones Culturales Populares de la Isla de Coche; Manifestaciones Culturales Populares del Municipio Gómez; Manifestaciones Culturales Populares del Municipio Marcano; Dos Localidades del Estado Sucre; Nuestra Señora de los Ángeles patrona de Los Millanes; El Bolero en América Latina; Historia de los Primeros Periódicos de América Latina; La Quema de Judas en Venezuela 2013-2014; La Quema del Año Viejo en algunos países de Latinoamérica; Festividades Patronales del Estado Nueva Esparta; Grandes Intérpretes del Bolero; Nuestra Señora de los Ángeles patrona de Los Millanes.

Investigación Periodística:
La Desaparición de Menores en Venezuela; Problemas Alimentarios del Menor Venezolano; Niños Maltratados; Háblame de Pedro Luis; Siempre Narváez; Estado Nueva Esparta:1990-1994; Caracas sí es gobernable; Carlos Mata: Luchador Social; Así se transformó Margarita; Margarita y sus personajes (cinco volúmenes); Vida y Obra de Jesús Manuel Subero; La Mujer Margariteña; Breviario Neoespartano; Margarita Moderna; Cuatro Periodistas Margariteños; Morel:

Política y Gobierno; Francisco Lárez Granado El Poeta del Mar; El Padre Gabriel; La guerra del dictador Hugo Chávez contra comunicadores sociales y medios desde 2004 hasta 2012; La guerra del dictador Nicolás Maduro contra comunicadores sociales y medios desde 2013 hasta 2018; La Hemeroteca Loca Tomos 1 al 7; Los Ojos Apagados de Rufo; El Asesinato de Oscar Pérez; Gobernadores contemporáneos del Estado Nueva Esparta; Imprenta y Periodismo en Costa Rica; Rómulo Betancourt: más de medio siglo de historia; Chávez no fue Bolivariano; El asesinato de Fernando Albán; El Asesinato del Capitán de Corbeta Acosta Arévalo; Morir en Socialismo Tomos I, II, III, IV y V.; La Corrupción en el Socialismo del Siglo XXI Tomos I,II y III, La Barbarie Represiva de la Narcodictadura de Nicolás Maduro Tomos I, II, III y IV.

CONTACTO:

Página Web: cicune.org
Twitter: @mauritoydaniel
Email: cicune@gmail.com

ÍNDICE

Preámbulo 5
Jesús de Nazaret 10
Nuestra Señora de Lourdes 12
Santísimo Cristo del Buen Viaje 14
Nuestra Señora de la Asunción....................... 21
San Pedro Apóstol.. 35
Virgen del Rosario 41
Nuestra Señora del Cobre 45
San Judas Tadeo 49
Nuestra Señora del Carmen........................... 53
Inmaculada Concepción 63
Nuestra Señora de El Valle 71
San Antonio de Padua..................................... 85
Nuestra Señora de Guadalupe 93
Nuestra Señora de Altagracia 99
San Cayetano... 101
Nuestra Señora de Las Mercedes 103
Santa Rita de Casia 109
Nuestra Señora de la Medalla Milagrosa....... 111
Santa Teresa de Jesús 115
El Gran Poder de Dios 117
San Francisco de Asís..................................... 121
San Francisco Javier 125
San Juan Evangelista 129
San Martín de Porres 133
San Simón Apóstol.. 137
María Auxiliadora 139
Santa Isabel de Hungría 143
Nuestra Señora de Montserrat 147

Santísima Trinidad 151
San Antonio María Claret 153
Nuestro Señor San José 155
San Agustín 162
San Isidro Labrador 165
San Miguel Arcángel 169
Beato Pedro González 171
Santísimo Cristo de Las Piedras 173
San Juan Bautista 175
San Pedro y San Pablo 179
La Santa Cruz 181
Santa Teresita del Niño Jesús 187
Nuestra Señora del Pilar 189
Santa Eduvigis... 193
Santa Rosa de Lima 197
San Sebastián 205
Santísimo Cristo de La Fuente.....................211
Sagrado Corazón de Jesús 213
San Lorenzo 219
San Onofre 225
Santísimo Cristo de la Galera 229
Nuestra Señora María Natividad................. 231
San Nicolás de Bari 233
La Epifanía del Señor...................................237
Nuestra Señora de Fátima 239
Virgen de Coromoto....................................243
Divino Niño...247
La Divina Pastora..249
Santa Ana 251
El Autor 257